Ulrich Klever

Feinschmeckers Steakbuch

Rezepte und Stories rund um das beste Stück vom Ochsen

Gräfe und Unzer

Die Farbfotos gestalteten:

Kaltenbach, Luzern: Seite 44
Syndication International: Seite 53
Teubner-Studio, Füssen: Seite 17, 18, 43, 54, 71, 72, 89, 90 sowie Einband-Foto

Zeichnungen: Bärbel Skarabela, München

Redaktion: Susi Piroué
Einbandgestaltung: Constanze Reithmayr-Frank, München
Satz und Druck des Textteils: Druckerei Georg Wagner, Nördlingen
Offset-Reproduktionen: Brend'amour, Simhart & Co., München
Druck der Farbtafeln und des Einbandes: Pera-Druck, Gräfelfing
Bindung: Großbuchbinderei Monheim (Schwaben)

ISBN 3-7742-3257-1

Inhalt

Steak-Standpunkte 6

Die Story vom Steak 8

Am Anfang war der Zufall 8
Das Steak wird exklusiv 9
Biedermeiers Steakrezepte 10
United Steaks of America 11

Die Grundlagen der Steakküche 14

10 strenge Steakregeln 14
Der Einkauf von Steaks 15
Das Reifmachen von Steaks 19
Wie man Steaks richtig brät 20
Wie man feststellt, ob ein Steak richtig gar ist 21
Wie man Steaks richtig grillt 21
Wie man Steaks richtig flambiert und tranchiert 22
Innenansichten der Steaks 23
Tabelle der Brat- und Grillzeiten für Steaks aller Art 24

Das Handwerkszeug der Steakküche 25

Von Messern, Pfannen und anderem Zubehör 25
Die Saucenbar des Steakchefs 26
Was man vom Würzen wissen sollte 27

Die Anatomie des Ochsen 29

Die Steaktypen – Kurzsteckbriefe 30
Die Aufteilung eines halben Ochsen – international 32

Feinschmeckers Steakrezepte 34

Das Teuerste ist auch das Beste 36
Das Filet

Ein Stück Vertrauenssache 56
Das Rumpsteak

Der Klassiker für das Essen zu zweit 63
Das Entrecote

Die großen Vettern aus Amerika 67
T-Bone, Porterhouse, Sirloin und Round Steak

Die deutschen Brüder 74
Kluftsteak und Rippensteak

Steak in kleinen Stücken 80
Von Beefsteak Tatar bis Sukiyaki

Was noch zu den Steaks gehört 86
Von Steakbutter bis Grillmarinade

Die besten Steakbegleiter 92
Kartoffeln, Salate und andere Zuspeisen

Was man zu Steaks trinkt 103
Vorschläge für Bier und Wein
Bier schmeckt immer 103
Exkurs über den Steak-Rotwein 104
Zu Steak Weißwein? 104

Rezept- und Sachregister 105

Steak-Standpunkte

Es gibt Tage, an denen mich die raffinierteste Küche nicht locken kann. An solchen Tagen packt mich die Lust auf Fleisch, auf schieres Fleisch. Auf ein großes Steak mit brauner, fast trockener Kruste. Zweifingerdick. Da liegt es vor mir. Die dicke Scheibe, durch einen T-förmigen Knochen getrennt, läßt rosig-rotes Fleisch sehen. Das kleinere Fleischstück, nicht ganz ein knappes Drittel, verliert ein wenig Saft. Es ist an der Seite schon ein wenig eingerissen, so zart ist es. Das größere Stück wird von einer cremigen, festen Fettschicht gehalten, die an einigen Stellen kleine Brandflecken trägt, so knusprig ist sie.

Die Lust am Steakessen begleitet mich seit vielen Jahren. Schon vor zehn Jahren habe ich mich gründlich mit den Steaks befaßt. Ich habe für mein im gleichen Verlag erschienenes »Steakbuch« Rezepte gesammelt, Steaks gebraten, gegrillt und geschnitten. Das Ergebnis war ein Buch über Steaks, das zehn Jahre lang erfolgreich verkauft wurde.

Inzwischen hat sich die Situation auf dem Steakmarkt geändert: Filetsteaks sind sehr, sehr teuer geworden, weil alle Welt nur Filetsteaks essen will. Das Filet ist, so hat man in einer Rundfrage festgestellt, für die Hausfrauen das bekannteste Stück Fleisch und teilt diese Hitparaden-Spitzenstellung mit Roastbeef/Lende. Deshalb war es an der Zeit, das Steakbuch gründlich zu überarbeiten und vor allem mit wesentlich mehr Rezepten auszustatten. Rezepte, nach denen man auch Ochsenteile als Steaks zubereiten kann, die nicht so teuer sind.

Zu dem Zweck habe ich eine Steakreise durch die USA gemacht, wo der Bürger pro Jahr seine 150 Steaks ißt. Dagegen muten unsere knapp 4 Steaks pro Kopf und Jahr minimal an, auch wenn die Gesamtsumme 220 Millionen Steaks pro Jahr in der Bundesrepublik hoch erscheint.

Kurze Zwischenfrage: Was ist ein Steak?

Das Wort selbst, das *steek* ausgesprochen wird, kommt aus dem Englischen und heißt »Fleischschnitte«. Das englische Wort ist aus dem Alt-Isländischen entlehnt. Dort war *steik* das an den Spieß gesteckte Fleisch. *Steijka* bedeutete »am Bratspieß braten« und ist wiederum mit dem deutschen *stechen* verwandt.

Steak-Standpunkte

Steak ist zunächst einmal eine Scheibe Ochsenfleisch. Vor allem aber ist es die Qualitätsbezeichnung für eine Schnitte aus den hochwertigen Teilen des Rindes. In den englischsprechenden Ländern ist es immer eine Fleischschnitte aus dem Filet, dem Zwischenrippenstück oder aus Kluft und Keule, sowie auch aus der Hochrippe, wobei die genaue Herkunftsbezeichnung jeweils genannt wird. Die deutsche Fachliteratur bezeichnet mit Steak eine nicht zu dünne Scheibe Rindfleisch aus mürben, sehnenfreien, fett- und bindegewebsarmen Teilen, die zum Kurzbraten und Grillen geeignet sind. Solche echten Steaks werden in diesem Buch ausführlich behandelt. Ich verurteile den Mißbrauch, der mit dem Wort »Steak« mehr und mehr getrieben wird, indem man jedwede Fleischschnitte von jedwedem Tier und sogar Hackfleischschnitten Steak nennt.

Das Zubereiten von Steaks und die Lust an ihnen ist mehr als nur Küchentechnik. Ich finde, es ist eine Art Weltanschauung. So glauben viele Steakfreunde, daß ein gutes Steak nur von einem Mann zubereitet werden kann. Auch ich muß gestehen, daß ich die besten Steaks meines Lebens – bei Lembke in Hamburg, bei Delmonico in New York, in der Silver Ranch in Zürich, in einem Steakhouse in Tokio – von Männern zubereitet bekam. Eine Ausnahme von dieser Regel war allerdings Mary Corbett in Hudson, Wyoming, von der Sie noch lesen werden.

Steakessen macht energisch, aktiv und tatenfroh. Zumindest wenn man den Theorien glaubt, die seit Spartas Zeiten existieren. Damals mußte jeder Spartaner ab zwanzig Jahren täglich seine zwei Pfund Fleisch essen, um die gesetzlich vorgeschriebene Tapferkeit zu garantieren. In Rom glaubte man, daß Hasenfleisch ängstlich, Löwenbraten mutig und Stierfleisch stark mache.

Die fleischessenden Tataren rühmte man ihrer kriegerischen Aktivität wegen, die vegetarischen Brahmanen hielt man für friedlich. Ob aus diesen Gründen die Amerikaner so gern und so viel Steaks essen? Auf jeden Fall haben die modernen Abmagerungsdiäten, die sich das Steak aufs Panier geschrieben haben, mit diesen Vorstellungen von Fitneß zu tun. Dazu kommt natürlich noch ein Hauch von Exklusivität.

Es ist zu einer weltweiten Steakkrise gekommen, weil alle Männer Steak essen wollen: Steak wird nicht nur mit Männlichkeit, sondern auch mit Wohlstand gleichgesetzt. Am deutlichsten ist diese Entwicklung in Italien – in dem Land mit dem größten industriellen Aufschwung in Europa – und in Japan zu sehen.

Doch möchte ich den Damen weder die Fähigkeit zum Steakgenuß absprechen noch sie von der Steakpfanne fernhalten, noch ihnen die Lektüre meines Buches verwehren. Ich möchte vielmehr allen Steakfreunden alles Wissenswerte über Steaks erzählen, ihnen zeigen, wie sie aus dem teuren Fleisch den höchsten Genuß herausholen, möglichst viele Steakrezepte vorstellen und ihnen helfen, perfekte Steakchefs zu werden. Denn nichts auf der Welt schmeckt so gut und so ursprünglich wie ein richtig gemachtes Steak.

Ihr Ulrich Klever

Die Story vom Steak

Im Anfang war der Zufall

Sicher hat irgendwann irgendein Vorfahr von uns die Lende des am Feuer gerösteten Auerochsen erwischt oder das Filet. Und es schmeckte ihm gut. Leider wußte der Glückliche nicht, daß er der erste Beefsteakesser war.

Ihm folgte die Legende von der Lende. Der Erfinder des Beefsteaks soll ein römischer Priester gewesen sein, dessen Name nicht überliefert wurde. Im »Universal-Lexikon der Kochkunst« wird das so erzählt:

Der Priester hatte ein Stück Ochsenfleisch als Opfer für den Gott, in dessen Tempel er den Dienst verrichtete, gebraten. Als er es mit den Fingern anfaßte, um es auf den Altar zu legen, fand er es so heiß, daß er gezwungen war, es fallen zu lassen und schnell mit den Fingern nach dem Mund zu fahren. Da schmeckte er den Saft, der an seinen Fingern klebte, und bei dem Hochgenuß, der seinen Gaumen kitzelte, verlor er jedes Gefühl von Schmerz. Als Mann von Geist legte er sogleich eine andere Scheibe Fleisch über das Feuer, verzehrte dieselbe in aller Unschuld und vergaß dabei seiner amtlichen Pflichten, die ihm geboten, das Fleisch dem Gott darzubringen. Lange Zeit fuhr er auf diese Weise fort, bis man dann endlich, durch sein feistes Aussehen aufmerksam geworden, aufpaßte und sein Geheimnis entdeckte. Ohne Zweifel wäre der Tod sein Los gewesen, doch als er vor seinen Richtern stand, bat er um die Erlaubnis, ein Beefsteak bereiten zu dürfen, nach dessen Verspeisung man ihn sofort freisprach und als Anerkennung für die Wohltat, mit der er die Menschheit beschenkt, zum Oberpriester machte. Mit Leidenschaft wurden nunmehr Beefsteaks im ganzen römischen Reich gegessen und der Tag gepriesen, an dem sich der Priester die Finger verbrannte.

Ein hübsches unfrommes Märchen! Opferte man doch fast nur Schweine und aß wenig Rindfleisch. Im Kochbuch des Apicius finden wir denn auch kein einziges Steakrezept (es würde auch gar nicht zum Geschmack der damaligen Zeit passen), und für viele Jahrhunderte wird das Steak Zufallsnahrung geblieben sein, die man mit etwas kulinarischem Glück bei einem gebratenen Ochsen erwischte. So ein Ochse gehörte bei den Griechen zum Empfangsschmaus und wurde im Megaron, dem umbauten Innenhof, am Spieß gebraten. Da der Ochse aber kurz vorher erst geschlachtet worden war, kann sein Fleisch, zu dem man reichlich Weißbrot aß, nicht zart gewesen sein. Die gastfreundliche Sitte des Spießbratens verlor sich in den griechischen Städten: die Fleischpreise waren zu hoch.

Das ganze Mittelalter hindurch stand Wild in höherem Ansehen als Rindfleisch. Außerdem war Wild billiger und leichter zu beschaffen. Das galt allerdings nur für Hochgeborene und Reiche, für einfache Leute war Fleisch ein rarer Genuß, sie aßen vornehmlich Getreidebrei und »Kraut und Rüben«.

Im Kochbuch des Battista Platinus, eines italienischen Gelehrten, das in Frankreich um 1460 ein Bestseller war, finden wir Rezeptangaben für Grilladen und Roststücke, allerdings ohne genauere Bezeichnung der Sorten, die sich am besten zum Grillen eigneten. In der »Küchenmeisterei« eines unbekannten Autors, die 1485 in Nürnberg gedruckt wurde und die bis 1500 zwölf Auflagen erreichte, ist überhaupt kein Rindfleischrezept verzeichnet. Vielleicht mochte der Autor es nicht, vielleicht setzte er seine Zubereitung als selbstverständlich voraus?

Das Steak wird exklusiv

Gute hundert Jahre später gebar Maria Stuart einen Sohn, der als englischer König Jakob I. seinen Koch wegen eines besonders saftigen Beefsteaks adelte. Ihm wird folgender Spruch zugeschrieben: »You are the noblest of us all. I dub thee Sir loin.« Ob dieser Spruch mit dem Wortspiel *Sirloin*, das eine Verballhornung des französischen *Surlonge* ist, mit dem man in Frankreich den obersten Teil der Lende bezeichnet, wirklich von Jakob I. stammt, ist nicht gewiß. Sicher ist nur, daß Sirloin Steak ein gutes Beefsteak ist.

Auf jeden Fall sind wir in England gelandet, der wahren Heimat des Beefsteaks. Die Engländer haben auch den ganzen Kult um dieses wunderbare Stück Fleisch entwickelt und haben die Vorliebe für Steaks in die Neue Welt getragen.

Anno 1735 wurde in London von dem gefeierten Theaterdirektor John Rich die »Sublime Society of Steaks« gegründet, die bis 1867 bestand. Ihre Mitgliederzahl, die sich aus bedeutenden Persönlichkeiten der Literatur- und Theaterwelt sowie Gesellschaftslöwen zusammensetzte, war auf 24 beschränkt. 1785 wurde sie auf 25 erhöht: der Prinz von Wales hatte um Aufnahme ersucht. Die Mitgliedschaft in der erhabenen Gesellschaft des Beefsteaks war ein Statussymbol, weitere Steakclubs folgten. Die Zusammenkünfte fanden am Sonntag statt, und man verzehrte Beefsteaks in den verschiedensten Variationen. Vor allem aber wurde getrunken: »Claret für die Knaben, Portwein für die Männer und Branntwein für die Helden!«

Wie sehr man auf der Insel Steaks schätzte und wie wenig man sie auf dem Kontinent kannte, können wir in Reisebüchern um die Wende vom 18. zum 19. Jahrhundert lesen. So schreibt ein reisender Russe: »Die Briten haben keinen Appetit auf Salat und Küchenkräuter. Sie essen viel Roastbeef und Beefsteak, bekommen davon dikkes Blut, werden melancholisch und begehen deshalb häufig Selbstmord.«

In Heinrich Heines »Reisebildern« lesen wir über die Engländer, die nach der Kontinentalsperre von einer Reise nach Frankreich zurückkamen: ». . . daß sie nicht mehr wie sonst zwei linke Hände haben und nicht mehr mit Beefsteak und Plumpudding zufrieden sind.«

Um diese Zeit aber war das Steak schon nach Frankreich gekommen und tauchte auf den Speisekarten feiner Restaurants auf. Diese erste Invasion wurde von den adeligen Emigranten der Revolution bewirkt, die in England mit den Steaks Bekanntschaft geschlossen hatten und sie bei ihrer Rückkehr in die Heimat mitbrachten. So verdanken wir das Chateaubriand diesem kulinarischen Wechselspiel. Der Koch des französischen Staatsmannes hatte seiner Art, die Rinderlende zuzubereiten, den Namen seines Dienstherrn gegeben. Heute ist Chateaubriand außerdem der Begriff für das Mittelteil des Filets, das als Ganzes gebraten wird. In den Pariser Restaurants von Véry, Beauvilliers und Carême fand man das Beefsteak mit allen seinen Variationen.

Biedermeiers Steakrezepte

In Deutschland lag es mit dem Steak noch im argen; wenn wir dem Gastrosophen Baron Vaerst glauben wollen, war es sogar – Hamburg ausgenommen – gänzlich unbekannt. Man kannte weder das Fleisch noch die Art, es zu schneiden, noch die Art der Zubereitung. Der Baron räumt allerdings ein, daß das Material dazu sogar in Landstädten vorhanden war. Man konnte es sich von Fleischern dort aus dem Filet schneiden lassen. In größeren Städten war es von guter, in Großstädten wie Berlin, Wien, Dresden, Frankfurt, München, Augsburg, Stuttgart und Hamburg von bester Qualität, und mit einem Rost konnte sich ein verständiger und geschmackvoller Mensch ein richtiges Steak bereiten.

Wie es die Engländer machten, schilderte der feinschmeckerische Baron genau: »Der Engländer nimmt dazu entweder ein Lendenstück oder ein aus dem Schenkel in senkrechter Richtung auf den Knochen, auf beiden Flächen soviel wie möglich parallel geschnittenes Stück von nicht weniger als ¾ Zoll Dicke (das entspricht 2,5 bis 3 Zentimeter), salzt es auf beiden Seiten gehörig ein, bestreut es alsdann mit grobgestoßenem, nicht bis zu Sand zerstoßenem Pfeffer und legt es auf einen möglichst heißen Roast, unter welchem sich eine Holzglut oder besser ein starkes, aber nicht flammendes Steinkohlenfeuer befindet. Die Ursache, warum der Rost vorher heiß sein muß, ist, daß das Blut nur an den äußersten Flächen gerinne, das Innere aber vollkommen saftig bleibe. Wird aber das Fleisch auf einen kalten Rost gebracht, so wird es während der ersten Sekunden langsam geschmort; denn es absorbieren die Eisenstäbe, als dessen Wärmeleiter, anfangs eine sehr bedeutende Menge Wärmestoff, ehe sie diese als Leiter dem Fleische zuführen, und so wird das Steak gewöhnlich zähe und geschmacklos. Auch wird es durch diese unmenschliche Behandlung buchstäblich gebrandmarkt und trägt den unverkennbaren Stempel der Barbarei und des Kochs.«

Damals verurteilte man, was wir heute schön finden: das sorgfältige Kreuzmuster der Grillstäbe. Und man tat etwas, was wir heute verdammen: Man salzte das Steak vor dem Rösten. Der Baron selbst stimmt aber den englischen Regeln nicht ganz zu: Er möchte das Beefsteak nur vom Filet und nicht von der Lende geschnitten sehen. Auch verdammt er das Steinkohlenfeuer (ich muß ihm hier sehr zustimmen), ganz besonders wettert er aber: »Vor allen Dingen taugt die Pfefferwürzung den Teufel nichts und ist höchstens für einen überreizten oder einen Matrosenmagen, für Rum- und Portweintrinker und für ein Nebelland, wo man der schweren Verdauung zu Hilfe kommen muß.«

Wie sehr man sich damals in Deutschland und den angrenzenden Ländern über das Beefsteak uneinig war, sieht man aus diesem Rezept, das aus dem »Livländischen Koch- und Wirthschaftsbuch« stammt, das 1828 in Riga erschien. Unter »Beefsteak« lesen wir: »Von einem Rinderhäschen schneidet man fingerdicke Scheiben, schlägt mit einem Fleischhammer ein einzigmal stark auf, legt die Scheiben nebeneinander auf einen heißen Rost auf reinem Kohlenfeuer, bestreut mit Pfeffer und feinem Salz und bratet sie nur so lange, bis sie von beiden Seiten weiß sind. Dann legt man sie in eine tiefe Schüssel und Butterstückchen dazwischen, und wenn diese ausgeschmolzen sind, gibt man die Steaks gleich zur Tafel und bratet wieder einen Rost voll, denn wenn sie nur etwas länger stehen, so werden sie ganz hart.«

Dieses nur eben angelaufene, wenn auch sicher zarte Fleisch würden wir heute nicht als Beefsteak bezeichnen, fehlte ihm doch die wichtigste Voraussetzung, das scharf angebratene braune Äußere. Das haben die Steaks, die ich im Kochbuch der Maria Anna Neudecker fand. Ihr »Die bayerische Köchin in Böhmen« hatte 1846 (die Ausgabe, die ich besitze) schon eine Auflage von 14 000 Exemplaren. Unter »Beefsteaks oder Russischer Rostbraten« lesen wir: »Man nimmt einen guten Lungen- oder Lendenbraten und zieht davon die Haut ab. Hernach schneidet man der Quere einen starken Finger dicke Schnitze davon ab. Diese salzet man, tauchet sie in zerflossene Butter ein, und bratet sie auf beiden Seiten auf dem Roste über starker Glut, acht Minuten lang, richtet sie gleich auf die Schüssel, und streuet geriebenen Kreen (Meerrettich) darauf; oder man gebe Erdäpfelbüree dazu, auch Sardellen- oder Thomatensauce.« Wer das ganze 19. Jahrhundert hindurch in Deutschland gute Steaks essen wollte, mußte nach Hamburg fahren. Man aß dort überhaupt gerne und gut. So heißt es in Herrn Merkels »Briefe über Hamburg und Lübeck« (1801): »Die Hamburger machen es wie die zahnenden Kinder: mit allem fahren sie in den Mund. Sei es Freude, sei es Leid, sie müssen es durch Kauen feiern.«

Hundert Jahre später schrieb Detlev von Liliencron das Gedicht, das Hamburg literarisch zur Steak-Stadt stempelte:

Am besten wird gegessen in der Welt
In Hamburg, diesem edlen Beefsteakhorte,
Und hier, doch selten ohne vieles Geld,
Ganz ausgezeichnet in der That, bei Pfordte.

Hamburg bekam das erstklassige Fettvieh von den Elbmarschen geliefert – auch heute noch kann man in Hamburg Kluftsteaks und Rumpsteaks von Ochsen essen oder kaufen, die sich auf den saftigen Weiden rechts und links der Stör ihre Kraft anfraßen – und die Metzger verarbeiteten es so, wie es edlem Fleisch geziemt: Sie schnitten aus den richtigen Teilen die richtigen Stücke. Man ißt hierzulande die besten Steaks in den Hansestädten von einheimischem Vieh und man darf getrost einen Radius nach Holstein und bis Emden schlagen.

United Steaks of America

In den USA nimmt das Steak eine solche Starrolle ein, daß der »Playboy« einen Bericht mit einem doppelseitigen Steakfoto illustrierte, das die Vereinigten Staaten mit ihren Grenzen zeigte: Das Land war blutiges Steakfleisch, die Grenzen eine weiße Fettschicht. Der Titel der Geschichte: United Steaks of America. Auch wer Amerikas Küche für unter- oder überentwickelt hält, zieht vor den Steaks seinen Hut. Selbst Charles Dikkens, der sich schmähend über die amerikanischen Sitten und Mahlzeiten äußerte, konnte seine Begeisterung für die US-Riesensteaks nicht leugnen. Diese Steaks sind für den Touristen die einzige zuverlässige Nahrung, wenn er nicht sehr viel Geld in guten Restaurants ausgeben will und auf Tiefkühl- und Dosen-Food keine Lust hat. Sie sind Kernstück der Volksernährung geworden, und täglich scharen sich Millionen amerikanischer Familien um so ein außen knuspriges und innen blutiges Stück Fleisch. Die Liebe der Amerikaner zu Steaks begann mit den großen Herden von Longhorn-Rindern in Texas, die auf den großen Treibertrecks (cattle trails) quer durch den Kontinent getrieben wurden. Zweieinhalbtausend Rinder vom Golf von Mexiko nach Kanada, von Texas nach New York. Als die erste Herde 1845 dort ankam, gab es Steaks, Steaks und nochmal Steaks.

Alessandro Filippini, der Küchenchef von New

Die Story vom Steak

Yorks »Delmonico« konnte in seinem 1889 erschienenen Kochbuch voller Stolz schreiben, daß die Steaks in New York die besten der ganzen Welt seien: In Texas werden gute Steaks gegessen, doch die erste Wahl verkaufen die Texaner nach New York.

Inzwischen waren auch noch die Rinder verbessert worden. Man hatte die Longhorns mit den Aberdeen Angus, den französischen Charolais und den italienischen Chianina (alle berühmte Fleischproduzenten) gekreuzt und aus Indien die Brahman eingeführt, ein Heißwetter-Rindvieh, das die texanischen Sommer besser vertrug als die Longhorns. Aus der Kreuzung von Brahman und Angus ging die Brangus-Rasse hervor, und schließlich entstand Santa Gertrudis, die erste richtige amerikanische fleischproduzierende Rinderrasse: ihre Väter waren Brahman-Bullen, die Mütter Shorthorn-Kühe. Sie versorgt heute die Staaten mit den meisten Steaks.

Den Höhepunkt erreichte die Steakbegeisterung zu dem Zeitpunkt, als man entdeckte (altes Wissen wird in der Küche immer wieder als neu gefeiert), daß Steak über glühender Kohle gebraten am besten schmeckt und daß man diese glühende Kohle zu Hause im Garten oder auf der Terasse selbst erzeugen kann. Mit dem Barbecue war das Steak zum Kultobjekt geworden und kann einen Mitteleuropäer – selbst so einen Stekkenpferd-Steaker wie mich – nach einem Besuch von einem Dutzend amerikanischer Familien oder auf einer Reise mit offizieller Führung für einige Wochen steakscheu machen.

Die Texaner glauben, sie hätten das Copyright für Barbecue, doch das Rösten von Lebensmitteln über Feuer ist so alt wie die essende Menschheit, und die weißen Siedler haben es von den Indianern übernommen. Die pittoreske Worterklärung für Barbecue von *barbe à queue* = vom Bart bis zum Schwanz erscheint mir weit hergeholt, da die Indianer nie ganze Tiere grillten. Wesentlich einleuchtender erscheint das spanische Wort *barbacoa*, das von den Arawak-Indianern stammt und bei diesen einen Grill aus grünem Holz bezeichnete.

Barbecue ist in Texas das gesellschaftliche Ereignis. Einer der größten Barbecue-Veranstalter war Präsident Lyndon B. Johnson, der für seine

Die Story vom Steak

Grill-Meetings den Barbecue-Spezialisten Walter Jetton engagierte. Typisch für ein Texas-Barbecue sind zwei Saucen: • der Mop, eine Sauce, in der man die Steaks mariniert • die Barbecue-Sauce, die man zu den gegrillten Steaks serviert.

Wir haben unsere Lust an Steaks von den Amerikanern übernommen, genauso wie Coca Cola, Bourbon Whiskey und Comics. Steakhäuser, die sich meist Houses nennen, tragen dazu bei, daß wir die großen Steaks wie T-Bone und Porterhouse kennenlernen. Und da die Steakhäuser meist importierte Steaks verwenden, kann man in ihnen gute Steaks essen.

Die Japaner aber sind durch die Amerikaner geradezu steakhörig geworden. In Tokio fand ich schon vor einem Dutzend Jahren Hunderte von Steakhäusern, in denen ich exzellente Steaks der amerikanischen Schnittführung aß. Da aber die Japaner Tüftler sind, haben sie eine einzigartige Sonderform entwickelt: das Kobesteak. Die berühmten schwarzen Ochsen aus der Gegend von Kobe, von Natur aus schon beste Fleischlieferanten, werden ein halbes Jahr täglich mehrere Stunden lang liebevoll massiert, wobei der Masseur den Mund voll Sake nimmt und die massierten Stellen immer wieder einsprüht. Die Ochsen bekommen Malzbier zu trinken und werden mit Reis gefüttert. Ihre Steaks sind butterweich und von feinen Fettstreifen gleichmäßig marmoriert. Das Kilo von der Lende (nicht einmal Filet) kostet im Laden etwa 200 Mark, im Restaurant eine Portion um die 60 Mark. Ich habe ein Kobesteak in Japan gegessen, nur eben angebraten und auf einer heißen Eisenplatte serviert, so daß man sich die abgeschnittenen Scheibchen nachbraten konnte. Ich bekam einen Latz umgebunden, und neben gedünsteten Sojabohnenkeimen gab es noch säuerliche Möhrenscheiben mit Biß dazu. Meist wird das Kobefleisch aber roh und schinkendünn geschnitten zu Shabu Shabu oder Sukiyaki serviert (siehe Seite 84 und 85).

Bevor wir nun zur Praxis schreiten, möchte ich Ihnen die schönste Steakgeschichte erzählen, die ich gefunden habe. Sie ist umwerfend englisch und zeigt dabei wie der wahre Steakesser sein soll: stolz, standhaft und genau auf die Zubereitung seines Steaks bedacht. Erzählt hat sie Antoine Marrot, Chef de Cuisine vom Shepheards Hotel in Kairo, als es am 26. Januar 1952 vom Pöbel zerstört wurde: »Nie in meinem Leben werde ich vergessen, wie der letzte im Shepheards servierte Gast, ein Engländer, im größten Rummel der sich bereits in alle Richtungen flüchtenden Gäste und im Anblick der vor dem Hotel tobenden Meute, in aller Seelenruhe mitten im großen Speisesaal saß und auf sein Beefsteak wartete, das er uns, weil zu wenig gebraten, refüsiert hatte. Der Arme hat aber sein Beefsteak nicht mehr erhalten, denn bereits bemächtigte sich der plündernde Pöbel des Shepheards, und der Speisesaal brannte lichterloh.«

Ob unsere Sage-mir-was-du-ißt-und-ich-sage-dir-was-du-bist-Theoretiker doch recht haben? Auf jeden Fall macht Steakessen ruhig und besonnen; man ist satt, ohne bis zur Benommenheit vollgestopft zu sein.

Die Grundlagen der Steakküche

Wir sind zwar ein Volk von Steakessern geworden, kennen uns aber mit Steaks nicht genau aus. Wir essen Steaks, weil sie Prestige bedeuten, weil sie schlank halten, weil man sie nur in die Pfanne zu werfen braucht und in wenigen Minuten schon auf den Tisch bringen kann. Und weil der, der Steak brät, gar nicht kochen können muß. Das ist ein grundlegender Irrtum: Es gehört eine außerordentliche Perfektion dazu, Steaks so zuzubereiten, daß sie vollkommen sind.

So essen wir brav, was an Steaks auf den Tisch kommt. Dünne, verzogene und krumme Stücke Fleisch, die so zäh sind, daß man beim Säbeln eine Sehnenscheidenentzündung und beim Kauen einen Kinnladenkrampf bekommt. Steaks, diese wunderbaren Fleischschnitten, können so zäh wie Sohlenleder sein.

Zu einem guten Steak gehören drei Dinge: ein gutes Stück Rindvieh, ein guter Metzger und das Wissen, wann ein Steak gut ist und wie man diese Güte auch auf den Teller bringt. Dieses Wissen möchte ich Ihnen in diesem Buch mitteilen. Am Anfang unserer Steak-Akademie stehen:

10 strenge Steak-Regeln

1. Ein Steak ist kein x-beliebiges Stück Ochsenfleisch. Woraus man Steaks schneiden kann, wie diese Spezialsteaks heißen und wie man sie zubereitet, erfahren Sie in diesem Buch. Auf den Seiten 32 und 33 können Sie sich die internationalen Schnitte durch einen Ochsen anschauen.

2. Es gibt kein dünnes Steak. Wenn das Fleisch noch so gut ist, zu dünn geschnitten wird es sofort durchgebraten und dann kein Steak mehr sein, sondern eine trockene Schnitte Ochsenfleisch. Ein gutes Steak sollte mindestens 2 Zentimeter dick sein.

3. Es gibt kein »gut durchgebratenes Steak«, zumindest ist es ein kulinarisches Unding. Wer gerne gares Ochsenfleisch ißt, soll sich ein Tellerfleisch oder zwei Scheiben Rostbraten bestellen oder einen Sauerbraten machen. Der würzige Witz des Steaks ist die Zartheit des noch rohen oder rosigen Fleisches und der köstliche Fleischsaft. Deshalb ist Steakfleisch auch so teuer, weil es roh am zartesten ist. Für Durchgebratenes kann man jede Sorte billigeres Rindfleisch nehmen.

4. Es gibt kein frisches Steak. Frischgeschlachtetes Fleisch, und mag es das Mittelstück von einem Filet sein, kann nicht, wenn man es kurz brät, zart und weich werden. Ich kaufe meine Steaks nur beim Metzger meines Vertrauens, der sie abhängen läßt, erzähle ihm nachher wie gut das Fleisch war und lasse sie trotzdem nach dem Kauf noch eingeölt 3 Tage im Kühlschrank liegen. Oder ich kaufe ein ganzes Filet und lasse es selbst reif werden.

5. Ein Steak ist so zart wie das Messer, mit dem man es schneidet. Das klingt wie ein Leitsatz aus dem Betrugslexikon für Gastwirte. Trotzdem ist es wahr – psychologisch gesehen. Hat man schon beim Schneiden das Gefühl von buttriger Weiche und nicht vorhandenem Widerstand, wird einem auch beim Kauen selbst ein festeres Steak weicher vorkommen. Alle Steak-Enthusiasten soll-

ten sich spezielle, scharfe Steakmesser zulegen. Das hat einen praktischen Grund: ein Messer, das ohne Widerstand durch Fleisch gleitet, quetscht das Fleisch nicht. Der Saft bleibt im Fleisch und läuft nicht auf den Teller.

6. Steaks werden weder geklopft noch paniert. Das bleibt den Schnitzeln vorbehalten. Einmal will man die Steaks dick, deshalb braucht man sie nicht dünner zu klopfen, zum anderen bildet beim richtig gebratenen Steak die äußere Fleischschicht die schützende Kruste. Panade ist unnötig. Geräte wie der Steakmaster oder der Steakboy, die mit kleinen Messern die Fasern zerschneiden, sind eine Sünde wider die Steaks. Da sollte man gleich Hamburger essen. Klopft Ihr Metzger die Steaks oder dreht er sie durch den Steakmaster, dann verbieten Sie es ihm und betrachten Sie es als böses Omen für die Güte des Fleisches.

7. Salzen Sie das Steak nie vorher. Salz entzieht dem Fleisch Saft und macht es feucht. Das tut dem Steak nicht gut. Ein heißes Steak nimmt übrigens das darauf gestreute Salz gut auf.

8. Ein Steak darf nie feucht sein. Das heißt feucht von Wasser. Wasserfeuchtigkeit verhindert eine schöne Krustenbildung und das schnelle und komplette Schließen aller Fleischporen durch die Hitze. Deshalb wird jedes Steak vor dem Braten oder Grillen sorgfältig mit Küchenkrepp abgetrocknet. Das gilt besonders für aufgetaute tiefgekühlte Steaks.

9. Das Steak, das in die Pfanne oder auf den Rost kommt, soll trocken sein. Die Pfanne und der Rost auch. Man braucht sie nicht einzuölen, sie müssen nur wirklich durch und durch heiß sein. Erst nach dem zweiten Wenden kann Fett in die Pfanne gegeben werden, muß aber nicht. Gut ist es, wenn das Steak vorher in Öl gelegen hat oder mit Öl einmassiert wurde. Hier wischen wir nur das überschüssige Fett ab. Die Ölhaut auf dem Steak ist ein guter Krustenbilder, das Ölbad ein guter Weichmacher.

10. Ein Steak kann – zumindest bei uns in Deutschland – nicht groß genug sein. Wenn auch das englische Sprichwort lautet: »Wieviel Geld man auch verdienen mag, man kann doch nicht zwei Beefsteaks vertilgen«, so gilt das nicht für die kontinentalen Zwergsteaks. Ich finde, ein Steak (ausgenommen Filet Mignon und Tournedos) sollte mindestens 200 Gramm wiegen. Schon um unser 9. Gebot nicht zu übertreten. Und die vortrefflichen Rumpsteaks bei Lembke in Hamburg wiegen Stück für Stück genau ihre 300 Gramm.

Der Einkauf von Steaks

Seinen Steakmetzger muß man sich selber suchen, und er muß der Metzger Ihres Vertrauens werden. Denn er ist das erste Glied in der Kette, die ein gutes Steak ausmacht, und der Spruch »Keine Kette ist stärker als ihr schwächstes Glied« gilt auch im Küchenbereich. Der Metzger kauft die Ochsen ein, er lagert das Fleisch, und er

So sieht ein richtig gebratenes Steak nach verschieden ▷ langen Garzeiten von innen aus; links, von oben nach unten: raw, very rare, rare; rechts: medium, medium-well done, well done. Mehr darüber auf Seite 23.

schneidet aus dem Fleisch die richtigen oder nicht so richtigen Stücke. Er hat einen Feind, und das ist die deutsche Durchschnittshausfrau, die dem Frischewahn huldigt. Sie will frisches Fleisch, knallrotes Fleisch. Abgelagertes oder gereiftes Fleisch ist dagegen dunkelrot mit einem bräunlichen Schimmer. Abgelagertes Fleisch verliert an Gewicht, im Durchschnitt pro Woche etwa 3 Prozent, wenn man es in Stücken abhängen läßt (zum Beispiel das Filet allein), noch mehr. Ein gutes Steak aber sollte 3 Wochen Zeit zum Reifen haben. Der Metzger steht vor dem Dilemma, daß er beim Abhängen Gewichtsverlust riskiert, den Preis entsprechend erhöhen muß und schließlich Schwierigkeiten hat, dieses Fleisch verkaufen zu können.

Läßt er das Fleisch in Folie reifen, dann hat er keinen Gewichtsverlust. Wie man das Fleisch auch selber reifen lassen kann, erzähle ich Ihnen im nächsten Unterkapitel (Seite 19). Da jeder Metzger stolz auf sein Handwerk ist – die Ochsenmetzger waren schon immer die feinsten der Zunft und wurden deshalb die »Herren Ochsenmetzger« genannt, wofür sie sich, wie man nachlesen kann, mit den Preisen revanchierten –, kann man ihn bei seinem Fleischer-Ehrgeiz packen. Voraussetzung dafür ist, daß man selbst etwas von Fleisch versteht und dem Metzger sagt, was für ein Steak man wie haben will.

Ganz falsch ist es, zu sagen: »Bitte vier Steaks!« Man darf sich dann nicht wundern, daß man entweder das sündteuere Filet oder aber irgendeine Scheibe Fleisch bekommt, die in der Pfanne zusammenschnurrt, weil sie zu frisch war und bei diesem Schnurrvorgang lederzäh wird.

Wenn Sie aber sagen: »Bitte zwei Rumpsteaks. Jedes 200 Gramm schwer. Schneiden Sie es aus der Hüfte und so, daß es gut daumendick ist und kerben Sie mir das Fett bitte ein. Darf ich das Stück einmal sehen?«, wird Ihnen ein so angesprochener Metzger bestimmt das richtige Steak geben.

Daß Steaks teuer sind, liegt in der Natur des Ochsen. An einem geschlachteten Ochsen hat das Filet nur einen Anteil von 1,7 Prozent, das Roastbeef 4,7 Prozent, oder anders ausgedrückt, aus 500 Kilo Ochsen kann man 30 Kilo Steaks schneiden.

Kauft man Steaks in einem Supermarkt ein, kann man bei den vorgeschnittenen und abgepackten Steaks genau feststellen, wieviel Fett das Fleisch hat, das Sie für Ihr gutes Geld kaufen wollen. Ob es jene dunkelrote Farbe mit der zarten Fettmarmorierung hat, die ein gutes Steak auszeichnen soll und ob das Fett am Rand reinweiß ist. Sie können die Größe bestimmen und den Preis der einzelnen Stücke vergleichen. Allerdings können Sie keine Sonderwünsche anmelden, und das deutsche Steakangebot ist noch immer begrenzt. Hat der Supermarkt jedoch eine Fleischabteilung mit Metzger, können Sie eventuell ganz hervorragende Steaks erwischen. Denn in Supermärkten kauft man oft richtig gereiftes Fleisch, die Supermärkte selber wissen es nur nicht. Wenn der Supermarkt von einer der Versandschlächtereien sein Fleisch in Folie eingeschweißt bekommt, hat man Chancen, dort gut abgelagertes Fleisch kaufen zu können. Fragen Sie, ob das Fleisch in Folien bezogen wird.

Es ist wichtig zu wissen, daß ein Steak nicht unbedingt mager sein muß. Das Fleisch soll, um wirklich saftig zu bleiben, eine feine Fettmarmorierung haben und von einer dünnen Fettschicht umgeben sein. Das gilt nicht für Filets. Die kauft man nicht mit anhängendem Fett, sondern läßt beim Metzger alles Fett und alle Häute entfernen. Wenn man schon so viel Geld für Fleisch ausgibt, will man kein Gramm Abfall mitkaufen.

Die Fettmarmorierung im Muskelfleisch zeigt, daß der Ochse gut ernährt worden ist, daß er als reiner Fleischochse gemästet wurde. Bei uns sind hier Entwicklungen im Gang, über die ich Ihnen später noch berichte. In Italien leben die Fleischochsen in der Toskana und heißen Chianina, in

◁ Mit Cognac flambiert wird das köstlich scharfe Pariser Pfeffersteak. Rezept Seite 40.

Frankreich weiden die weißen Rinder der Charolais-Rasse in der Gegend von Saulieu am Rande der Côte d'Or, in England werden die tiefschwarzen, aus Schottland stammenden Aberdeen Angus gezüchtet. Dazu kommen die ausgezeichneten Fleischrinder Argentiniens und Amerikas, die zwar bei uns eingeführt werden, doch nur kontingentiert. Wegen des Gemeinsamen Marktes sind es nur geringe Mengen, deren niedrige Preise durch Zoll, Währungsausgleich und Abschöpfung den hohen EG-Preisen angeglichen werden. An dieses Fleisch kann man nur durch Importeure herankommen, man muß sich dann allerdings die Tiefkühltruhe vollpacken, oder aber man versucht, ein Steakhaus zu beschwatzen, daß man sich beim Einkauf beteiligen kann, oder man kauft Steaks in Delikatessengeschäften, wie zum Beispiel Käfer in München. Die kosten zwar viel Geld, doch ich finde, daß ein teures gutes Steak besser ist als ein etwas preiswerteres schlechtes.

Noch einige Gesichts- und Geruchspunkte zur Steakbeurteilung: Ein Steak, das gut gereift wurde, darf weder feucht sein noch schlecht riechen. Die quergeschnittenen Fasern soll man nicht erkennen können, und wenn Sie ein Steak zwischen Daumen und Zeigefinger drücken, gehen bei einem zarten Steak die Finger ins Fleisch wie in Butter. Diese Probe wird man kaum in einer Metzgerei machen können. Doch zu Hause ist sie Ihnen unbenommen, und sie zeigt Ihnen deutlich, was Sie zu erwarten haben, ob es nicht günstiger ist, das Steak nachreifen zu lassen oder es in Öl zu marinieren.

Das Reifmachen von Steaks

Wenn die Qualität eines Steakstücks (Filet oder Rump) besonders gut ist, greife ich beim Metzger zu. Ich portioniere das Stück in Einzelsteaks, die ich in Folien wickele und für einige Wochen tiefkühle. Die Tiefkühlung hält zwar den eigentlichen Reifungsprozeß auf, läßt aber gewisse Fermente weiterarbeiten, die das Fleisch zarter machen. Je nach Bedarf lasse ich dann die Einzelsteaks bei Zimmertemperatur auftauen und verwende sie sofort anschließend. Eingefroren werden sie mit der stärksten Gefrierleistung unserer Truhe, in Einzelportionen friert es sich schneller ein als in Stücken.

Da wir als Privatleute keinen Kühlraum haben, können wir Steaks reifen lassen, indem wir sie für einige Tage in Öl legen, so daß das Öl (ein Pflanzenöl ohne Eigengeschmack) die Luft völlig abschließt. Das Fleisch ruht sozusagen im Vakuum. Die Dauer dieses Reifeprozesses beträgt zwischen 3 und 6 Tagen. Danach sollte das Fleisch verbraucht werden.

Professioneller ist diese Reifemethode: Wir kaufen uns Vakuumbeutel, am einfachsten geht es mit einem Heißwasser-Schrumpfbeutel. Fleisch in den Beutel geben, in heißes Wasser tauchen, dabei die Luft so weit wie möglich aus dem Beutel drücken. Den Beutel verschließen, so daß die Luft nicht wieder eindringen kann. Dieses Fleisch kann in einem Kühlschrank bei möglichst konstanter Temperatur von +3 bis +4 Grad 2 bis 4 Wochen gelagert werden. Darüber hinaus wird die Reife nicht verbessert, sondern die Qualität fällt ab. So gereiftes Fleisch ist butterweich. Kurze Erklärung der Steakreifung im Beutel: • Durch den Vorgang der Glykolyse wird der Zucker in Milchsäure umgewandelt • die Phosphate werden abgebaut und • lange, schwer kaubare Eiweißketten werden durch Enzyme in kurze Bruchstücke zerlegt, die leicht zu kauen sind: das Fleisch ist weich und zart geworden.

Die Grundlagen der Steakküche

Wie man Steaks richtig brät

Die Steaks müssen trocken sein und Zimmertemperatur haben. Habe ich sie aus dem Öl genommen oder mit Öl einmassiert, dann tupfe ich sie so mit Küchenkrepp ab, daß sie nur noch eben glänzen.

Die Pfanne ist aus schwerem Gußeisen und wird knallheiß erhitzt. Entweder auf dem Gas, das ich vorziehe, weil man es schnell und präzise regulieren kann, oder auf der Schnellkochplatte Einstellung 11, die während des Bratens auf 8 heruntergedreht wird. Zur Probe spritze ich einen Tropfen Wasser in die trockene Pfanne. Verzischt er, lege ich die Steaks hinein. Man sieht, wie sie sich schließen. Die Gäste sitzen schon bei Tisch.

1 Minute braten, dann wenden, noch 1 Minute und wieder wenden. Jetzt kann man 1 Eßlöffel Öl unter die Steaks gießen, man kann aber trokken weiterbraten. Die Hitze reduzieren, warten bis an der Oberfläche Blutströpfchen austreten, wieder wenden, bis klarer Saft austritt. Auf eine vorgewärmte Schüssel geben.

Diese Steaks sind innen rosa, wer sie blutig mag, brät sie entsprechend kürzer. Eine möglichst exakte Tabelle der Bratzeiten finden Sie auf Seite 24.

Beim Wenden benutzen wir einen Bratenwender, eine Palette oder eine Fleischzange. Nicht mit der Gabel anstechen, wir wollen keinen Tropfen Saft verlieren!

Mit etwas Wasser den Bratsatz für die Sauce lösen, einen Stich frische Butter dazugeben und aufkochen lassen. Inzwischen haben die Steaks so lange geruht, daß sie beim Schneiden nicht allen Saft auf den Teller vergießen.

Fassen wir die Praxis noch einmal theoretisch zusammen: Mit trockener Hitze wird ein Steak zart gemacht. Dabei ist wichtig, daß dieses Fleischstück schnell erhitzt wird, damit sich die Poren sofort schließen. Nur durch diesen Hitzeschock bleiben alle Säfte im Fleisch. Man muß die Hitzeeinwirkung so regulieren, daß sich sowohl außen eine knusprige Kruste bildet, als auch das Innere genießbar und heiß wird, ohne jedoch völlig durchgebraten zu werden. Außerdem ist wichtig, daß sich bei diesem Bratvorgang keine Feuchtigkeit entwickelt. Deshalb darf man nie einen Deckel auf die Pfanne geben.

Feuchtigkeit kann allerdings beim Braten im Ofen entstehen, wo wir Riesensteaks besser zubereiten als auf der Pfanne. Haben wir keinen Rost oder Grill zur Verfügung, lassen wir beim Braten die Tür des Bratofens offen. Außerdem sollte jedes Steak, das im Ofen oder im Grill gebraten wird, mindestens 3 Zentimeter dick sein. Der Ofen wird auf 250 Grad vorgeheizt und auf 200 Grad heruntergeschaltet. Das Steak wird auf dem miterhitzten Rost möglichst weit oben eingeschoben und auf der einen Seite braun gebraten, gewendet und auf der zweiten Seite gebräunt. Ist das Steak extrem dick, schieben wir den Rost anschließend tiefer und braten nach. Zeiten bitte in der Tabelle auf Seite 24 nachschauen. Man kann das Steak auch zunächst in der Pfanne von beiden Seiten braun braten und dann in den Ofen geben, wenn es im Ofen mit der Oberhitze hapert.

Beim Elektrogrill, dessen Stäbe zuerst zum Glühen gebracht werden müssen, gelten folgende Regeln: • Je dünner ein Steak, desto größer die Hitze und desto kürzer die Grillzeit • Je dünner das Fleisch, desto dichter an der Glut muß es liegen • Je dicker ein Steak, desto schneller brät man es an und desto langsamer und von der Hitze entfernt brät man es fertig.

Anmerkung: In einem Mikrowellengerät kann man keine Steaks zubereiten. Erstens bräunen sie nicht und zweitens geht die Erwärmung von innen nach außen vor sich: Man erhält also kein blutiges oder rosiges Steak. Die einzige Möglichkeit, das Mikrowellengerät zur Steakzubereitung einzusetzen: Man brät Steaks auf der Pfanne so, daß sie innen blutig sind. Dann friert man sie ein. Will man schnell Steaks auf den Tisch bringen, gibt man diese Steaks tiefgekühlt ins Mikrowellengerät, taut sie in 2 Minuten auf und macht sie gleichzeitig servierwarm.

Wie man feststellt, ob ein Steak richtig gar ist

Die Sache mit den austretenden Blut- und Fleischsafttröpfchen habe ich Ihnen schon erklärt: es ist die sicherste Prüfmethode für ein innen noch rosiges Steak. Eine andere Möglichkeit, vor allem bei Riesensteaks, ist ein kleiner Einschnitt mit einem scharfen Messer. Man setzt den Schnitt in die Mitte der schon gebräunten Seite, der Saftverlust ist dabei minimal. Der Schnitt schließt sich schnell wieder. Bei einem T-Bone oder einem Porterhouse Steak macht man den Schnitt in der Nähe des Knochens. Die dritte Möglichkeit ist das Fleischthermometer. Man steckt es schräg ins Steak, so daß die temperaturempfindliche Spitze mitten im Fleisch steckt. Zeigt das Thermometer 45 Grad, dann ist das Fleisch blutig, bei 55 bis 60 Grad ist es rosig.

Während der erfahrene Steakröster nur nach Zeit brät und es im Gefühl hat, wenn das Steak gut ist, kann man sich durch die Druckprobe noch zusätzlich vergewissern.

• Ein innen noch rohes Steak fühlt sich, mit dem Finger oder einem Löffelstiel gedrückt, elastisch wie ein Gummiball an • ein mitteldurch gebratenes, rosiges Steak ist immer noch etwas elastisch • ein zu lang gebratenes, »durches« Steak gibt überhaupt nicht mehr nach, es ist so fest wie anschließend zwischen den Zähnen.

Ich halte es beim Steakbraten mit der Mathematik. Als ich bei fremden Leuten, die mich für einen erfahrenen Griller hielten, mein erstes 3-Pfund-Steak grillen mußte, habe ich gerechnet. Siehe da, die Rechnung stimmte. Seitdem vertraue ich meinen eigenen Tabellen, und Sie können es auch.

Wenn Sie diese Tabellen benutzen, könnten jedoch einige Imponderabilien zu wichtigen Störfaktoren werden:

• Kaltes Steak, das eben aus dem Kühlschrank kommt, reagiert anders als zimmerwarmes. Es kann außen schon klassisch knusprig, innen aber noch eiskalt und roh sein. Tiefgekühltes Steak immer ganz auftauen lassen. Ich halte nichts von den Ratschlägen der Tiefkühlleute, Steaks unaufgetaut in die Pfanne zu legen. Es werden nie Klassesteaks. Für den Notfall beachten Sie folgende Regeln:

1. Auf einem Grill oder im Ofen weit von der Hitze rösten, damit sich das Innere erwärmen kann, ohne daß das Äußere verbrennt.
2. Auf der Pfanne im Stadium des Gefrorenseins braun werden lassen, dann Hitze reduzieren und unter häufigem Wenden braten, bis es durch und durch aufgetaut und erwärmt ist.

Unterschiedlich ist die Art der Hitze. Sie läßt sich im Herd oder auf dem Ofen einigermaßen exakt bestimmen und ist bei gleicher Einstellung auch etwa gleich. Selten gleich ist die Hitze bei einem Holzkohlengrill. Hier kommt es auf Ihre Erfahrung an. Zum Beispiel kann ein kühler Wind die Grillzeiten bis zu 50 Prozent verlängern.

Wie man Steaks richtig grillt

Die klassischste Methode, Steaks zu braten, ist das Grillen oder Rösten über Holzkohlenglut. Da ich mich nicht ausschließlich von solchen Steaks ernähre – und Sie auch nicht –, möchte ich hier nicht auf die krebsfördernden Teerstoffe, die dabei mit dem Rauch des verbrennenden Fettes auf das Steak geraten können, eingehen. Hier nur einiges zur Praxis:

Die Grundlagen der Steakküche

Wichtig ist vor allem die richtige Glut. Ich lege meinen Grill mit Alufolie aus, das verstärkt die Strahlungshitze und hilft den Grill sauberzuhalten. Darauf kommt eine flache Schicht Kieselsteine, das läßt die Glut von unten her atmen. Die Holzkohlenbriketts dürfen weder qualmen noch brennen, wenn man mit dem Grillen beginnt. Eine gleichmäßige Glut mit einer weißen Aschenschicht darauf signalisiert den Grillbeginn. Brennende Kohlen erzeugen den Steaktyp, den der Krimiautor Carter Brown als typisch US-provinzlerisch charakterisiert: »Ein abortdeckelgroßes Steak, mit der Lötlampe gebraten. Außen heiß und verkohlt, innen kalt und roh.«

Wir grillen dicht über der Glut, damit sofort eine Kruste entsteht. Bei unseren europäischen Normalsteaks (bis 3 Zentimeter dick) können wir nach der Tröpfchenmethode verfahren: Blutstropfen – wenden! Klare Safttropfen – servieren! Wir wenden mit einer Grillzange. Ob wir das Steak mit einer Marinade einstreichen (Rezepte Seite 88), um die Kruste besonders schön zu machen, ist Geschmackssache.

Grillen Sie Steaks nicht zum ersten Mal, wenn Fremde dabei sind. Man muß den Umgang mit Glut und Steak erst lernen: es gibt so viele Störfaktoren.

Denken Sie beim Grillen auf dem Rost auch immer an das Drehen um 90 Grad, das Muster der sich kreuzenden Roststäbe auf dem Fleisch sieht so appetitlich aus. Und da beim Holzkohlengrill der Appetit größer ist als beim Essen im Zimmer, rechnen wir pro Fleischportion die Hälfte mehr. Keine Sorge: Es wird alles aufgegessen. Auch Verkohltes!

Wie man Steaks richtig flambiert und tranchiert

Das Abbrennen einer Speise mit würzigem Alkohol nennt man Flambieren. Es ist viel Show dabei, weshalb in Chichi-Lokalen soviel flambiert wird, und ein kleiner Geschmackseffekt: die Aromastoffe der betreffenden Spirituose wirken als zusätzliches Gewürz. Das bedeutet, daß die verwendete Spirituose Eigengeschmack haben muß. Flambieren mit Wodka ist ein kulinarisches Unding. Wichtig ist, daß der Alkohol beim Flambieren völlig verbrennt, sonst schmeckt das Steak unangenehm nach Sprit. Für Steaks kommen als Flambierspirituosen in Frage: Cognac, Weinbrand, Whisky, Whiskey, Rum, Calvados, Tequila, Gin, Kümmel, Wacholder, Obstwässer und Obstgeister. Wir lassen die Flamme in die Flambierpfanne schlagen, Flambieren auf dem Teller ist eine Ausnahme. Im übrigen denken wir daran, daß die Hitze des verbrennenden Alkohols das

Steak weitergart. Wer flambiert, sollte von der Bratzeit 1 bis 2 Minuten abziehen, damit er nicht ein fast durchgebratenes Steak bekommt. Ich selbst bin mit Flambieren sehr zurückhaltend.

Große Steaks, wie ein Entrecote double oder ein Porterhouse, werden tranchiert. Möglichst erst am Tisch und möglichst erst mindestens

Doppeltes Zwischenrippenstück / Entrecote double

5 Minuten nachdem das Steak die Pfanne, den Grill oder den Rost im Ofen verlassen hat. So läuft nicht gleich beim ersten Schnitt aller Saft heraus, er hat Zeit, sich in den Muskelfasern festzusetzen. Wir tranchieren auf einem Holzbrett, das eine Auffangrinne mit einer möglichst großen Saftsammelvertiefung hat. Das Brett wird leicht eingeölt, damit es nicht selbst den Saft aufnimmt. Man kann das Tranchierbrett mit einer Knoblauchzehe leicht einreiben, dann bekommt das Steak einen feinen Knoblauchhauch. Das Tranchiermesser soll groß, kräftig und sehr scharf sein. Tranchieren heißt nicht sägen oder quetschen, sondern glatt und ohne Druck schneiden. Ein Elektromesser eignet sich ausgezeichnet dazu. Zum Festhalten braucht man eine Gabel, die man nicht unbedingt ins Fleisch stechen muß, man kann mit ihrem Rücken das Steak halten. Die Zeichnung oben zeigt, wie man tranchiert.

Innenansichten der Steaks

Bilder Seite 17

Es gibt eine Reihe von Fachausdrücken in der Steaksprache, die bezeichnen, wie durchgebraten ein Steak sein soll. Da man diese Ausdrücke auch in gepflegten Lokalen verwenden muß, wenn man das Steak nach Wunsch gebraten haben will, zähle ich sie Ihnen hier auf. Dabei kann man sich englisch, französisch oder deutsch ausdrücken.

Raw, bleu oder *blau* nennt man ein Steak, das gerade nur angebraten wurde und innen noch nicht einmal warm geworden ist: ein rohes Stück Fleisch mit einer dünnen braunen Kruste.

Very rare, très saignant oder *blutig* ist das Übergangsstadium zwischen innen ganz roh und der nächsten Stufe.

Rare, saignant oder *sehr englisch* ist ein Steak, das in der Mitte einen rohen Kern hat und aus dem beim Anschneiden roter Fleischsaft fließt.

Die Amerikaner und Engländer kennen eine weitere Übergangsstufe:

Rare medium, ein Steak, das zwar keinen rohen Kern mehr hat aber über seine ganze Schnittfläche noch rot und nicht schon rosig ist.

Medium, à point oder *englisch*: Das Steak ist durch und durch rosa, der Fleischsaft nicht mehr nur blutig. Die beliebteste Steakform bei den Steakessern, die den Wilden in sich der Zivilisation geopfert haben.

Die nächste Übergangsform, die man noch gerade gelten lassen kann, hat wieder einen englischen Namen:

Medium-well done: ein rosa Steak, aus dem kein Saft mehr fließt.

Was jetzt kommt, hat mit Steaks nichts mehr zu tun. Man nennt diese Form der Steakbarbarei: *Well done, bien cuit* oder *durchgebraten.* So serviert man Steaks einfach nicht. Die hochspezialisierten Amerikaner kennen sogar noch ein Wort für durch und durch verbrannte Steaks. Sie nennen so ein Stück teure Kohle einfach *crisp.*

Tabelle der Brat- und Grillzeiten für Steaks aller Art

(Zeitangabe in Minuten)

Dicke	Hitze	rare	rare medium	medium
2 cm	sehr heiß	3	4	5
3 cm	heiß	4	5	7
4 cm	heiß	5	8	10
5 cm	mittel	8	11	13
6 cm	mittel	12	14	17

Die angegebenen Zeiten gelten für jede Seite, als Gesamtgarzeiten müssen wir sie verdoppeln. Die angegebene Hitze gilt bei »mittel« nur für die Garzeit, angebraten wird in jedem Fall heiß. Die Zeiten gelten hauptsächlich für große Steaks wie T-Bone, Porterhouse und Hochrippensteaks.

Rechnen wir nach Gewicht wie bei Filet und Entrecote, gelten folgende Brat- oder Grillzeiten pro Seite:

Gewicht	Stück	Brat- oder Grillzeit/Seite
200 Gramm:	Filet	2 = rare
		4 = medium
	Rumpsteak	3 = rare
		4–5 = medium
	Kluftsteak	3 = rare
		5 = medium
400 Gramm:	Chateaubriand	6 = rare
		8 = medium
	Entrecote	7 = rare
		8 = medium

Stellt man eine Faustregel auf, so lautet sie:
- Schon eine Minute mehr bringt das Rare-Steak in Richtung medium, wie groß das Steak auch immer sein mag.

Das Handwerkszeug der Steakküche

Steakfreunde sind bescheidene Menschen. Das gilt allerdings nur für die Menge der Accessoires, die sie zum perfekten Steakrösten benötigen. Man braucht nicht viel, aber das Wenige sollte wie auch das Fleisch von allererster Qualität sein.

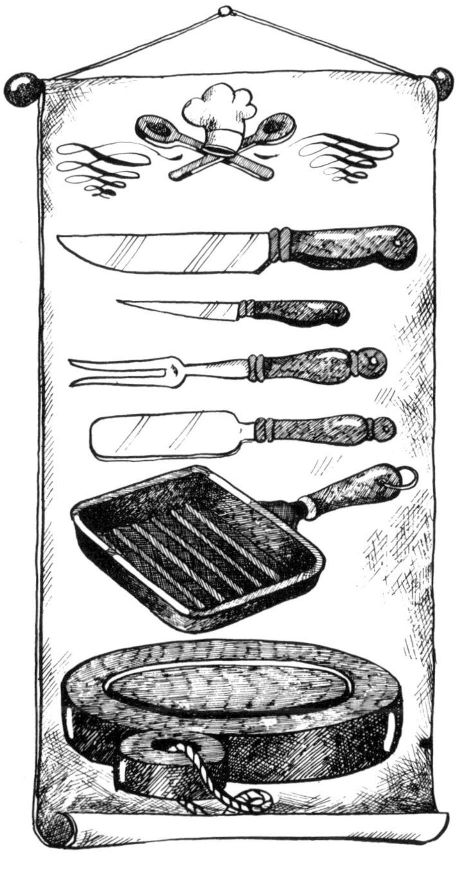

Von Messern, Pfannen und anderem Zubehör

Der Satz, jedes Fleisch ist so gut wie das Messer, das es schneidet, ist vielleicht etwas überspitzt, hat aber einen wahren Kern. Es macht mehr Spaß, sieht besser aus und ergibt zufriedenstellendere Resultate, wenn man ein Stück Fleisch glatt und mühelos durchschneidet, als wenn man es zersäbeln muß.

Wir brauchen in der Küche ein großes, schweres *Küchenmesser* mit geradem Rücken und geschliffener Spitze, mit dem man Steaks vom Stück portionieren und eventuelle Häute entfernen kann. Mit diesem Messer kann man große Steaks auch in der Küche tranchieren.

Ein zweites kleines spitzes Messer ist gut dafür, Fleisch vom Knochen zu lösen, wenn man große Steaks ohne Knochen auf den Tisch bringen will. Mit ihm kann man auch Fett einkerben oder Fett nach dem Braten entfernen. Wollen Sie am Tisch tranchieren, brauchen Sie ein *Tranchiermesser* oder ein *Elektromesser.*

Die *Fleischgabel* ist die Schwester des Messers, sie hält beim Schneiden fest, mit ihr befördert man die Steaks auf Teller und Platte. Man sollte mit ihr allerdings kleine Steaks und Filetsteaks möglichst wenig anstechen. Man wendet sie mit dem *Pfannenwender* oder der *Palette.* Je breiter und kürzer, um so besser sind sie für Steaks geeignet und desto weniger rutschen die Fleischstücke herunter. Die rastlosen Hersteller von Küchenzubehör haben unter dem Namen »Steakmaster« eine *Küchenzange* herausgebracht, mit der man Steaks problemlos wenden kann. Der Unterteil dieser Zange ist aus Holz, um Teflonpfannen nicht zu beschädigen. Das halte ich für überflüssig, da ich Steaks nicht in Teflonpfannen brate.

Nach Messer, Gabel und Wender ist die *Pfanne* das wichtigste Steakrequisit. Sie soll möglichst aus schwerem Gußeisen mit glattem Boden sein. Man kann sie hoch erhitzen, und die Hitze hält sich. Ich habe aber auch nichts gegen Edelstahlpfannen, die zur besseren Wärmeleitung einen Kupferboden haben können. Auch sind Pfannen mit gewaffeltem Grillboden gute Steakbrater, vor allem wenn man sein Steak völlig trocken brät.

Das Angebot an *Grills* ist so groß, daß ich hier nur erwähnen kann, daß man zum Steakrösten manchmal einen Grill braucht. Beim Gartengrill sollte man auf seine Stabilität achten und daß der Rost schwer ist, keine runden, sondern rechteckige Stäbe hat, die mit einer Eckkante nach oben zeigen, so daß das Steak auf möglichst wenig Metall aufliegt.

Für die großen Steaks braucht man ein *Tranchierbrett,* das man als Arbeitsbrett benutzen kann. Da der Fleischsaft besonders kostbar ist, sollte der Saftauffang möglichst groß sein. Das Material ist Holz, ob das Brett dick oder dünn, aus einem Stück oder aus verschiedenfarbigen Edelhölzern zusammengesetzt ist, entscheidet der persönliche Geschmack oder der Geldbeutel.

Alle weiteren Steakzubehöre sind nicht nötig. Wenn es auch einige hübsche Sachen gibt. Dazu zähle ich die *Steak-Brandeisen,* die man in den USA kaufen oder sich hier bei einem Kunstschmied machen lassen kann: mit ihnen brennt der Steakfan seine Initialen in jedes servierte Steak. Besonders schick, wenn die Steaks die gleichen Brandzeichen tragen wie die Rinder der eigenen Herde.

Große *Steakteller* kann man kaufen, auf die auch ein T-Bone mit Zuspeisen paßt. Spezielle *Steakmesser* und *-gabeln* ergänzen diese Teller. Die Messer sind besonders scharf und meist rustikal gehalten. Ob man sie mit Geweihgriff mag, ist eine haptische Entscheidung. Mir sind sie nicht handsympathisch.

Auf keinen Fall braucht der Steakfreund Geräte wie einen Fleischmürbehammer mit messerartigen Spitzen, die Sehnen und Fasern des Steaks zertrennen sollen. Ein ähnliches Marterinstrument wie der Steakboy, mit dem auf einer Walze kleine scharfe Messer über und in das Fleisch bewegt werden. Wenn man mit ihnen ein Steak behandelt, verwandelt man es in eine Bulette am Stück. Dieses Steak hat dann nichts mehr mit einem Steak gemein.

Die Saucenbar des Steakchefs

Die Steakpuristen verachten außer Pfeffer, Salz und einem Stück Kräuterbutter mit einem Hauch Knoblauch alles, was den urtümlichen Fleischgeschmack ihrer Lieblingsspeise stören könnte. Allenfalls dulden sie noch gebräunte Zwiebeln und einige Tropfen Worcestersauce. Ich kann diesen strengen Standpunkt nicht ganz teilen und finde, daß einige Würzsaucen, die aus England und Amerika zu uns gekommen sind, gute Steakbegleiter sein können. Man muß sie nur sparsam verwenden und nicht – nach dem Vorbild der landläufigen US-Küchenkarikatur – das Steak und seine Beilagen in einem See von Ketchup ertränken.

• Tomatenketchup, des Bundesbürgers liebste Sauce, ist Tomatenmark, das mit Zucker, Essig,

Salz, Pfeffer, Paprika, Zitronensaft, Nelken, Zimt, Ingwer und Senf eingekocht wurde und eine musartige Konsistenz hat. Die Geschmacksrichtungen reichen vom betont süßlichen oder säuerlichen Tomatenaroma bis zu scharfen Mischungen, bei denen das Tomatige zurücktritt oder durch einen Fremdgeschmack wie Curry oder Mango übertönt wird. Die Auswahl ist sehr groß.

- Schaschliksaucen sind aus Tomatenketchups entwickelt, aber wesentlich kräftiger gewürzt, so daß man die Tomaten kaum noch schmeckt.
- Grill- und Barbecuesaucen basieren auf Ketchup, sollen aber gegrilltem Fleisch eine besondere Note verleihen und dürfen mitgegrillt werden.
- Chilisaucen gibt es in zwei sehr verschiedenen Varianten. Eine milde, dickflüssige, die auf Tomatenmark aufbaut und heller rot, fruchtiger und frischer im Geschmack ist. Und die scharfen Formen aus rotem Pfeffer, oft atemberaubend, von dick- bis dünnflüssig.
- Die Chutneys sind Würzmarmeladen von süß bis scharf, musige Vettern der Ketchups. Sie stammen ursprünglich aus Indien und wurden von den Engländern abgewandelt. Hauptbestandteil sind Ingwer und Mango. Benannt werden sie nach der vorherrschenden Frucht, also Tamarinden-Chutney, Apfel-Chutney, Zwiebel-Chutney, Tomaten-Chutney oder Aprikosen-Chutney.
- Relish nennt man ein Würzkompott, dessen Name »Erfrischung« bedeutet. Es ist ein kompakter Chutney mit säuerlicher Geschmacksrichtung, in dem man noch die Stücke der Zutaten sieht und schmeckt. Also keine Sauce, sondern eine Würzbeilage. Es gibt verschiedene Sorten, wie Fresh Onion Relish oder Sweet Pepper Relish oder einfach Exotic Relish oder Mexican Relish.
- Unter den klassischen Würzsaucen steht an erster Stelle die Worcestersauce, dünnflüssig, scharf aromatisch, würzig. Sie enthält Sojabohnen, Essig, Zwiebelsaft, Fleischextrakt, Knoblauch, Chilischoten, Zucker, Salz und Rum. Daneben die OK-Sauce auf Fruchtbasis mit malzigem Geschmack, dickflüssig, dunkel und von nachhaltiger Schärfe. Dann Herbadox, ein feiner, flüssiger Kräuterauszug mit Essig und Fleischextrakt und schließlich Tabasco, die feurigste aller Gewürzsaucen. Diesen Extrakt aus den mexikanischen Tabasco-Pfefferschoten verwendet man nur tropfenweise. Tabasco ist leichter dosierbar als gemahlener Cayennepfeffer.

Was man vom Würzen wissen sollte

Beginnen wir mit dem Pfeffer, meinem Lieblingsgewürz. Wer Pfeffer verwendet, braucht eine Pfeffermühle und einen Mörser. Nur frischgemahlener Pfeffer schmeckt aromatisch-scharf wie Pfeffer schmecken soll, und im Mörser kann man ihn so grob man will zerstoßen. Den einzigen Pfeffer, den ich schon gemahlen aus dem Glas benutze, ist der Lemon Pepper, der mit Zitrone gewürzt ist.

In Hongkong lernte ich von einem Koch eine Methode, besonders milden und würzigen Pfeffer zu bereiten. Er kocht die schwarzen Körner 4 Minuten lang in Wasser, gießt ab, trocknet die Körner und zerstößt sie im Mörser: Pfeffergeschmack ohne Schärfe!

Ein hervorragendes Gewürz, das sich für Steaks sehr eignet, stammt ebenfalls aus der chinesischen, speziell der Sechuan-Küche: Salz und Pfeffer (eigentlich der spezielle Sechuan-Pfeffer) werden zu gleichen Teilen in einer gußeisernen Pfanne geröstet, bis das Salz anfängt sich zu bräunen. Beides zusammen wird im Mörser fein zerstoßen. Hier würzt man die Steaks nicht, sondern stellt die Mischung zur Selbstbedienung auf den Tisch.

In der Steakküche mache ich keinen Unterschied zwischen weißem und schwarzem Pfeffer, ich benutze aber häufig den grünen Pfeffer. Er hat Ähnlichkeit mit Kapern, auch in der Konsistenz, ist nicht so scharf wie getrockneter Pfeffer, aber aromatischer. Man hebt die Beeren in Salzwasser auf (Kühlschrank bis zu 1 Monat), friert sie in Wasser in Eiswürfelschälchen ein (bis zu 6 Monaten) oder hebt sie in Wodka auf (noch länger haltbar). Da man grünen Pfeffer im Mörser zermusen kann, lassen sich mit ihm die Steaks

auch einreiben. Besonders gut in Kombination mit Knoblauch. Gefriergetrockneten grünen Pfeffer behandelt man wie normalen Pfeffer.

Knoblauch gehört meiner Meinung nach immer zum Steak. Wem der Umgang mit Zehen nicht so lieb ist, benützt Knoblauchsaft, den man, wie auch würzflüssigen Knoblauch, fertig kaufen kann. Erwähnenswert ist auch noch gefriergetrocknetes Knoblauchpulver oder Knoblauchsalz.

Wer Zwiebeln nicht schälen, schneiden, dünsten oder braten möchte, für den gibt es »Zwiebelfein«. Das sind fein gehackte, in Öl blanchierte Zwiebeln im Glas, von mildem und frischem Geschmack: eine Steakbeigabe, ohne Mühe und im Hand- und Deckelumdrehen serviert.

Gewürztes Salz der Firma Lawry ist ebenfalls ein gutes Steakgewürz. Es enthält zusätzlich Knoblauch, Zwiebel, Kräuter und Zucker. Als Würzsalz benutze ich gerne den Beau Monde Seasoning von Spice Islands. Es enthält Selleriesalz, Glutamat und Zwiebeln.

Alle anderen Gewürze und das gesamte Reich der Kräuter kann ich hier nicht vorstellen. Das wäre ein Buch für sich: die, die in Frage kommen, finden Sie sowieso in den Rezeptangaben.

Die Anatomie des Ochsen

Wir sind ein Land ohne Steaktradition, und je mehr einer vom Fleisch im allgemeinen und Steak im besonderen versteht, um so besser wird er dem Metzger klar machen können, was er will und um so günstiger wird er einkaufen. Denn der Leidtragende ist immer der Steakkoch, der ein steinhartes und sohlenzähes Stück Fleisch aus der Pfanne nimmt oder der Steakesser, der Säge und Stemmeisen brauchen könnte, um sich die Bissen vom Steak in den Mund zu führen.

Es kommt also darauf an, daß wir in der Metzgerei genau präzisiert unsere Wünsche sagen. Welche Sorten Steaks es gibt, zeige ich Ihnen hier an Hand von Kurzsteckbriefen, Übersichtszeichnungen und Steakdarstellungen. Ausführliche Steak-Monographien lesen Sie jeweils zu Beginn der Rezeptkapitel.

Doch vor dem richtigen Schnitt kommt das richtige Fleisch, das zudem noch richtig gereift sein muß. Wie man selber Fleisch reifen läßt, habe ich Ihnen auf Seite 19 erklärt. Das richtige Fleisch stammt von besonders gemästeten Ochsen, die zudem noch typische Fleischochsen sein müssen. Daß es die Franzosen mit den Charolais-Rindern, die Amerikaner mit ihren Monfort-Bullen aus Colorado, die Italiener mit den Chianina-Riesen und die Engländer mit den Aberdeen Angus leichter haben als wir, habe ich Ihnen schon erzählt. Doch auch wir Bundesdeutschen können hoffen. Der Fleckviehochse Carolus vom Gut Schlickenried in Bayern wie seine Vettern, die auf den der Landesanstalt für Tierzucht in Grub angeschlossenen Gütern gezüchtet werden, sind die Stammväter von Steakochsen, deren Fleisch dem der besten amerikanischen Rinder durchaus gleichwertig, wenn nicht sogar überlegen ist. Und, was uns Steakfreunden so gefällt, diese neuen deutschen Fleischochsen haben größere Steaks als ihre normalen Brüder: die Roastbeeffläche, in der Höhe der achten Rippe geschnitten, ist um fast die Hälfte größer.

Am einfachsten in der Steakzerteilung machen es sich die Franzosen. Sie mögen eigentlich nur *Bifteck* essen und zwar vom Filet. Von ihm schneiden sie für die klassische Küche die Tournedos. Dann lieben sie noch die Entrecotes, die bei ihnen aber aus der Hochrippe geschnitten werden, allerdings ohne Knochen, und die Rumpsteaks, die aus Roastbeef und Hüfte stammen. Das Chateaubriand wird in Frankreich nicht aus dem Filet, sondern dem *Faux Filet* geschnitten, dem Teil, der unserem Roastbeef entspricht. Wie sehr aber die Franzosen mit ihrem *Bifteck* (als Oberbegriff für alle Steaktypen) leben, zeigt ihr Ausspruch: *»Il me faut gagner mon bifteck«,* was bei uns wesentlich schlichter heißt: *»Ich muß Brötchen verdienen»*.

Die Amerikaner dagegen haben eine Unmenge von verschiedenen Steakbezeichnungen, man kann manchmal glauben, daß sie fast einen ganzen Ochsen in Steaks zerlegen. Diese Bezeichnungen können recht verwirrend sein, deshalb zeige ich sie Ihnen nur in der Übersicht, während in der Zeichnung nur die wichtigsten dargestellt sind.

So weit es möglich war, habe ich die deutschen, österreichischen und Schweizer Fleischbezeichnungen berücksichtigt. Damit Sie sich auch in ausländischen Kochbüchern zurechtfinden, habe ich die englisch/amerikanischen wie die französischen Spezialausdrücke mit angegeben.

Noch eine gesunde Anmerkung: Steak ist nahrhaft. Es ist reich an hochwertigem Eiweiß, es ist nicht fett, aber auch nicht zu mager, es enthält die Mineralien von Phosphor bis Kalzium und Eisen und das nervenstärkende Vitamin B.

Eiweiß und Fett haben hohen Energiewert. Aber so gesund und lebensnotwendig wie man das Steak in manchen Schlankheitskuren gemacht hat, ist es nicht. Wer Steak nur aus Schlankheitsgründen ißt, zahlt einen hohen Preis. Den gleichen Nährwert für wesentlich weniger Geld bekommt man bei Milch- und Käseprodukten. Steak sollte man wegen des Geschmacks und wegen seiner unvergleichlichen Fleischqualitäten genüßlich essen.

Die Steaktypen – Kurzsteckbriefe

Rippensteak stammt aus der Hochrippe, hat Knochen, aber keinen Filetanteil. Preisgünstig, reicht für 2 bis 3 Personen, Mindestgewicht 750 Gramm. Muß deutschem Metzger erklärt werden. Die Österreicher schneiden aus dem knochenlosen Fleisch ihre verschiedenen Rostbraten, die Franzosen ihre Entrecotes. In England und Amerika stammen von hier die Rib Steaks, ausgelöst das Delmonico.

Hochrippensteak

Aus dem *Roastbeef* oder *Lendenstück*, preislich teurer, schneiden wir das *Entrecote*, 400 Gramm im Durchschnitt schwer, für 2 Personen. Bestellt man in Frankreich ein Chateaubriand, bekommt man das gleiche Stück, das wir als Entrecote kennen. Die Amerikaner (und Engländer) schneiden von hier das Club Steak (ohne Filetanteil), das T-Bone Steak (mit dem T-förmigen Knochen und Filetanteil) und das Porterhouse mit dem größten Filetanteil. Gewichte zwischen 750 Gramm und 1 Kilo. Man sollte sich nicht den »Schwanz« mitverkaufen oder servieren lassen. Das ist ein Stück vom Bauchlappen, der beim Kurzbraten nicht weich wird. Aus dem Bauchlappen gibt es in den USA das preiswerteste »Steak«, das Flank Steak.

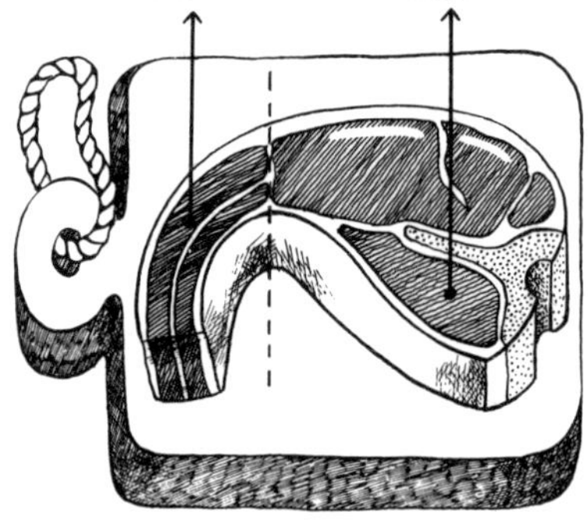

T-Bone Steak

Das *Filet* ist das teuerste und zarteste Steakfleisch. Bei uns am häufigsten. Gewicht zwischen 150 und 200 Gramm, Dicke mindestens 2 Zentimeter. Das doppelte Filetsteak, aus der Mitte geschnitten, heißt Chateaubriand, sein Gewicht liegt bei 400 Gramm. Aus dem schmalen Teil vor der Filetspitze werden die Tournedos geschnitten, bis 125 Gramm schwer. Man bindet sie rund, damit sie 5 Zentimeter dick werden. Sie tauchen auf Speisekarten auch als Lendenschnittchen oder Medaillons auf. Die Filetspitze wird zum Filet Mignon, sie hat höchstens 100 Gramm. In Österreich heißt das Filet Lungenbraten und wird zu Filetsteaks (oder ganzen Braten) verarbeitet. In der Schweiz kennt man den Begriff Lummel, die Franzosen sagen auch Filet. Wenn die Amerikaner das Filet auslösen (häufiger aber gehört es scheibenweise zu T-Bone und Porterhouse) nennen sie es Tenderloin, manchmal auch Filet Mignon. Tenderloin Steaks sind selten und teuer.

Das *Rumpsteak*, in Österreich und Frankreich aus dem flachen Roastbeef geschnitten und bei uns meistens auch, holt man sich eigentlich aus dem »rump«, zu deutsch aus der Hüfte. 200 bis 300 Gramm schwer, zwischen 2 und 3 Zentimeter dick, mit Fettrand und gut gereift.

Aus der Kluft/Oberschale schneiden wir das *Kluftsteak*, die Franzosen das Steak Supérieur, die Schweizer das Huftsteak. Das sind sehr magere, preisgünstigere Steaks, die aber ein besonders gut gereiftes Fleisch verlangen.

Die Nachbarn des Porterhouse Steaks sind bei den Amerikanern (und zum Teil auch Engländern) die *Sirloin Steaks*. Sie haben keinen Filetanteil mehr, können bis zu 2 Kilo wiegen und sollten mindestens 4 Zentimeter dick sein. In der Reihenfolge von Roastbeef Richtung Schwanz gibt es • Pin Bone Sirloin Steak mit dornartigem Knochenstück • Flat Bone Sirloin Steak mit langem flachen Knochen. Es ist das saftigste dieser Steaks. • Wedge Bone enthält schon einen runden Röhrenknochen und steht auf der Grenze zum Round Steak. Teilt man ein Sirloin in zwei knochenlose Steaks, so bekommt man das Top Sirloin (das obere ist das bessere) und das Bottom Sirloin. Sie werden unter den verschiedensten Namen angeboten: Top of Iowa, Kansas City Steak oder New Yorker Steak.

Das *Round Steak* ist eine Scheibe Ochsenschinken mit dem quergeschnittenen Knochen der Rindshaxe. Gewicht 2 Kilo, Dicke möglichst 4 bis 6 Zentimeter. Nur gut, wenn das Fleisch tadellos ist. Der Schnitt geht durch drei Muskeln, was Schwierigkeiten beim Grillen macht, da diese Muskeln zu verschiedenen Zeiten gar werden. Teilt man das Steak auf, erhält man das besonders zarte Top Round, etwa 800 Gramm schwer; es entspricht einer Scheibe aus unserer Oberschale, also einem großen Kluftsteak, das Bottom Round, 600 Gramm schwer, nicht so zart, eine Scheibe Unterschale, das Eye of Round, etwa 400 Gramm schwer und mittelzart, eine Scheibe Schwanzrolle.

Womit wir uns schon fast außerhalb der Steak-Legalität befinden.

Wenden wir uns den Rezepten zu. Wir beginnen, fein wie wir sind, mit dem Filet.

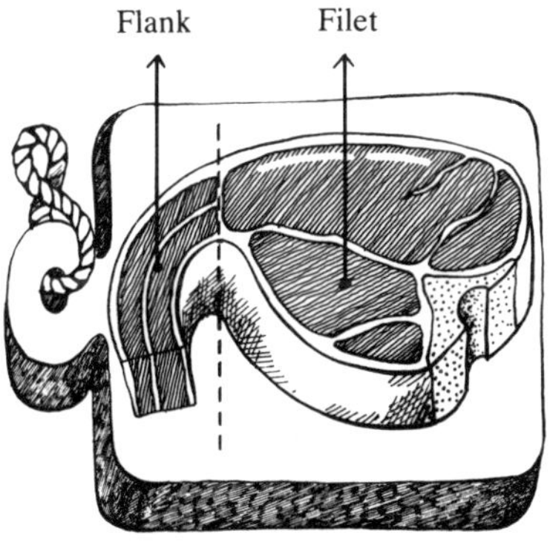

Porterhouse Steak

Die Anatomie des Ochsen

Die Aufteilung eines halben Ochsen – international

Bitte ziehen Sie die Zeichnungen und den folgenden Text zu Rate!

England	Amerika	geeignet für
Chuck Rib	Rib	Rib Steak mit Knochen
Middle Rib		Rib Steak ohne Knochen
Fore Rib		Delmonico Steak
Sirloin	Short Loin	Club Steak, T-Bone Steak, Porterhouse Steak, Tenderloin (Filet)
Sirloin	Sirloin	Pin Bone Sirloin Steak, Flat Bone Sirloin Steak Wedge Bone Sirloin Steak, Boneless Sirloin Steak
Rump	Round	Round Steak, Top Round Steak, Eye of Round
Thick Flank	Flank	Flank Steak

amerikanische Schnittart

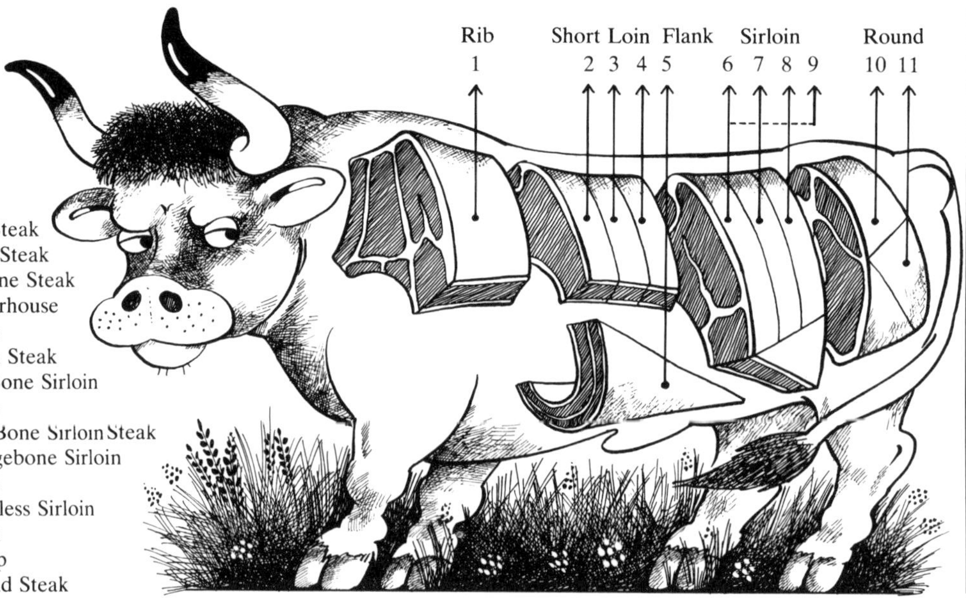

1 Rib Steak
2 Club Steak
3 T-Bone Steak
4 Porterhouse Steak
5 Flank Steak
6 Pin Bone Sirloin Steak
7 Flat Bone Sirloin Steak
8 Wedgebone Sirloin Steak
9 Boneless Sirloin Steak
10 Rump
11 Round Steak

Die Anatomie des Ochsen

Deutschland/Österreich	Schweiz/Frankreich	geeignet für
Hochrippe, Hohe Rippe	Hohrücken	Rippensteak
Schorrippe, Rostbraten (Ö)	Entrecôte (F)	Rostbratenschnitte (Ö) Entrecote (F)
Roastbeef, Lendenstück, flaches Roastbeef oder Kurzlende (Ö), Beiried (Ö)	Roastbeef Faux Filet	Entrecote Rumpsteak (Ö), Rumsteck (F) Chateaubriand (F)
Lende, Filet, Lungenbraten (Ö)	Lummel oder Filet Filet	Filetsteak, Filet Mignon, Tournedos Chateaubriand
Hüfte und Kluft/Oberschale	Schwanzstück, Huft und Stotzen (S),	Rumpsteak, Kluftsteak
Hüferschwanzel und Weißes Scherzl (Ö)	Rumsteck und Tranche (F)	Huftsteak (S), Beefsteak Steak Supérieur (F)
Blume oder Rosenspitz	Tranche Grasse (F)	Hamburger Steak Tournedos Tranche (F) (= falsche Tournedos)

deutsche Schnittart

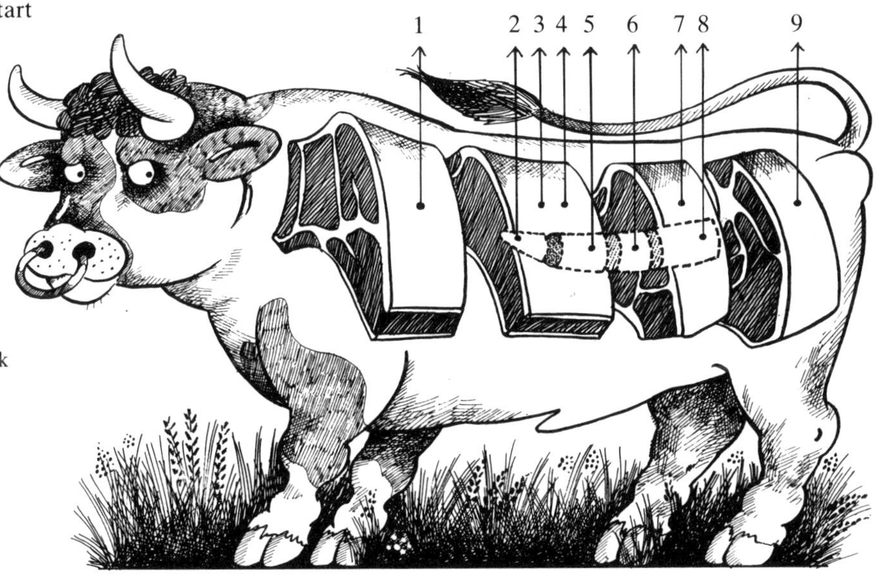

1 Hochrippensteak
2 Filet Mignon
3 Roastbeef
4 Entrecote
5 Tournedos
6 Chateaubriand
7 Rumpsteak
8 Filetsteak
9 Kluft

Feinschmeckers Steakrezepte

Die folgende Rezeptsammlung ist nach den einzelnen Steaktypen geordnet, und zwar immer so, daß das angegebene Rezept am besten zu dem angegebenen Steaktyp paßt. Sie können natürlich – sind Sie ein perfekter Steakchef geworden – auch variieren und aus einem Entrecote Bordelaiser Art ein Porterhouse Steak Bordelaiser Art machen. Ihrer Kochphantasie sind keine Grenzen gesetzt, und da die Steaks alle vom Ochsen stammen, dürfen die Beilagen auch ausgetauscht werden. Den absoluten Steakessern nehme ich es auch nicht übel, wenn sie diesen Teil überschlagen, weil sie ihr Steak nur blutig und allenfalls mit etwas gekräuterter Butter essen, die sich mit dem austretenden Fleischsaft zu einer – zugegeben – herrlichen Sauce vermischt.

Sind die Steaks groß oder haben sie, wie das Rumpsteak, einen durchgehenden Fettrand, dann lassen Sie den Metzger rundherum einige kleine Einschnitte machen. Nicht damit der Saft besser auslaufen kann, sondern damit sich die Fleischstücke auf dem Rost oder in der Pfanne nicht wölben und werfen.

Alle Steaks mit Knochen werden nach dem Braten, nach einer Ruhepause von mindestens 5, wenn nicht gar 10 Minuten, zuerst rundherum vom Knochen gelöst – nehmen Sie ein scharfes Messer und fangen Sie den kostbaren Fleischsaft auf – und dann in fingerdicke, schräge Scheiben geschnitten. Wir schneiden immer nur so viele Scheiben ab, wie gerade gegessen werden. So hält sich der Saft im Fleisch besser. Diese Tranchierkünste führen Sie – nachdem Sie vorher im Familienkreis ein-, zweimal geübt haben – am Tisch vor: Das macht Appetit. Auch Entrecotes doubles und Chateaubriands werden schräg aufgeschnitten. Verwenden Sie bei Tisch ein Tranchierbrett – auf Schüsseln kann auch ein Chirurg nicht gut schneiden –, das eine Saftauffangrinne hat.

Persönliche Anmerkung: Den Knochen reservieren Sie für sich. An ihm sitzt das zarteste und leckerste Fleisch. Ich nage ihn bei Tisch ab – ist das Essen zu formell, finde ich einen Grund, mit ihm in der Küche zu verschwinden. Er sollte nämlich nicht kalt werden.

Das Ur-Steak oder Das Steak an sich

Diese beiden Methoden der Grundzubereitung möchte ich an den Anfang des Rezeptteils stellen.

Zutaten für 1 Person:
1 Filet, Kluft- oder Rumpsteak von 200 g · 1 Teel.–1 Eßl. Öl · 1 Eßl. Butter · Pfeffer · Salz · klare Fleischsuppe oder Rotwein

Das Steak einige Stunden, spätestens ½ Stunde vor dem Braten, mit dem Öl kräftig einmassieren. Eine schwere Pfanne heiß werden lassen. Die Wasserprobe machen. Das Steak in die erhitzte Pfanne geben, das sich sofort zusammenzieht.

1. Methode:
1 Minute anbraten, wenden, auf der anderen Seite so lange braten lassen, bis kleine Blutstropfen austreten. Nochmals wenden, auf die Oberseite 1 Scheibe Butter legen. Wenn klare Fleischsafttröpfchen austreten, ist das Steak innen rosig. Aus der Pfanne nehmen, pfeffern und salzen. Den Bratsatz mit etwas Wasser, klarer Fleischsuppe oder Rotwein löschen.

2. Methode:
Das genauso vorbereitete Steak 1 Minute anbraten, wenden, auf die schon braune Seite die Butter legen, 2 Minuten braten lassen, nochmals wenden und 2 weitere Minuten braten lassen. Das Steak ist innen noch rot. Herausnehmen, pfeffern und salzen. Erst nach 2 Minuten anschneiden.

Dazu kommt noch eine 3. Methode, die die älteste ist: das Grillen eines Steaks auf dem Rost über Holzkohle. Auch hierzu wird das Steak mit Öl einmassiert. Die Holzkohlenglut soll eine weiße Aschenschicht haben, der Rost sehr heiß sein. Man hält die Hand einige Zentimeter über den Rost, um die Hitze zu prüfen. Wenn man die Hand kaum eine Sekunde dort lassen kann, ist die Hitze richtig.

Steak auf den Rost legen, nach 1 Minute mit einer Zange um 90 Grad drehen, damit der Rost ein schönes Kreuzmuster in das Steak brennt. Treten kleine Blutströpfchen aus, wenden. Nach gut 1 Minute wieder um 90 Grad drehen, um auch auf der 2. Seite das Kreuzmuster zu bekommen. Tritt klarer Fleischsaft aus, ist das Steak innen rosig. Salzen, pfeffern und nach 2 Minuten erst anschneiden.

Will man das Steak innen blutig, braucht es auf dem Rost auf jeder Seite nur 2 Minuten.

Der Rost sollte nicht aus runden Eisenstangen bestehen, meist bleibt das Fleisch daran hängen, und bei einem zarten Filetsteak reißt man beim Wenden oder Drehen ganze Stücke aus dem Steak. Richtig sind Vierkanteisen, die mit einer Kante nach oben verschweißt sind. So ist die Auflagefläche Rost – Steak so gering wie nur möglich. Das gibt die schönsten Grillmuster.

Die Wasserprobe

Ist die Pfanne aus Eisen, muß der hineingespritzte Wassertropfen zischend zerknallen, ist sie aus Stahl, dann zerspringt der Wassertropfen in mehrere kleine, die blitzschnell über den Boden der Pfanne flitzen.

Das Teuerste ist auch das Beste

Das Filet

Der sicherste Weg, zu einem zarten Steak zu kommen, führt über das Filet. Dieser Muskel wird beim lebenden Tier so wenig beansprucht, daß er besonders zartfaserig und locker ist. Doch auf einen ganzen Ochsen gerechnet ist es ein kleiner Muskel: das Filet ergibt nur 1,7 Prozent des Schlachtgewichtes, also 2 bis 2,5 Kilo.

Das dicke Ende des Filets ist der Filetkopf, das dünne die Filetspitze. Aus dem Filetkopf schneidet man die Filetsteaks, jedes möglichst 200 Gramm schwer, die unterste Grenze liegt bei 150 Gramm. Dünnere Steaks werden zu leicht trocken. Je schmaler das Filet wird, desto dicker sollten die Scheiben sein, man bindet sie rund und staucht sie vor dem Braten mit der Handfläche zusammen. Beim Metzger sollte man sich alles Fett und alle Sehnen vom Filet wegschneiden lassen, schon wegen des hohen Preises. Außerdem hat ein Filetsteak schützendes Fett nicht nötig: auf dem Rost und in der Pfanne braucht es nur wenige Minuten, bis es fertig ist.

Aus der Mitte des Filets wird das Chateaubriand geschnitten, das man auch doppeltes Filetsteak nennt. Es sollte 400 Gramm wiegen und nicht schwerer als 500 Gramm sein. Dann gehört es eigentlich nicht mehr zur Steakfamilie, sondern ist ein Filetbraten und kann nicht mehr kurz gebraten werden. Die Amerikaner wickeln das Chateaubriand gerne in Speckscheiben ein, doch das ist Geschmackssache. Es braucht den Speck als schützende Hülle nicht.

Aus dem schmalen Stück des Filets vor der Spitze werden die Tournedos geschnitten, 100 bis 125 Gramm schwer und 5 Zentimeter dick. Sie bindet man rund und manchmal aus optischen Gründen auch in Speck ein. Tournedos werden mit zahllosen Garnituren serviert. Ich zählte 272 klassische Serviermöglichkeiten, von Aida (auf Röstbrot, mit Krabbenmasse, Parmesan und Bröseln überkrustet) bis Zola (mit Sardellenschnitten belegt, in Teig gehüllt, gebacken, plus Trüffelsauce). Zur allgemeinen Begriffsverwirrung kann man das Tournedos auch unter den Bezeichnungen Lendenschnittchen oder Medaillons angeboten bekommen.

Medaillon kann auch das Filet Mignon heißen: die Filetspitze. Sie ist 80 bis 100 Gramm schwer und heikel zuzubereiten, da sie sehr schnell durch und trocken wird. Bei den Amerikanern kann Filet Mignon das ganze Filet bedeuten.

Ein Pfeffersteak wird, wie die Gastronomische Akademie Deutschlands feststellt, nur aus Filetsteak gemacht. Es soll etwa 180 Gramm wiegen, in zerdrückten Pfefferkörnern gewälzt und in der Küche nach Wunsch des Gastes »saignant«, »medium« oder »à point« gebraten werden. Der Bratsatz wird mit Weinbrand oder Rotwein abgelöscht, etwas gute Jus hinzugegeben, eingekocht und mit Butterflocken montiert. Betriebe, die ein Pfeffersteak anders zubereitet auf der Speisekarte führen, sollten den Hinweis »nach Art des Hauses« oder »wie unser Küchenchef es zubereitet« bringen, um dem Gast klarzumachen, daß er nicht das echte Pfeffersteak erhält, das er erwartet. Sie finden bei mir einige Pfeffersteak-Varianten.

Filetsteak mit Sangrita

Wer es noch nicht wissen sollte: Sangrita ist ein roter gewürzter Saft nach mexikanischem Originalrezept, seine schärfere Variante heißt Sangrita picante.

Zutaten für 4 Personen:
1 Zwiebel · 3 Tomaten · 4 schwarze Oliven · 4 grüne Oliven · 1 Knoblauchzehe · 4 Filetsteaks zu je 200 g · 3 Eßl. Butter · Salz · Pfeffer · gehackte Petersilie · zerdrückte Pfefferkörner · 4 Eßl. Sangrita

- Zubereitungszeit: 35 Minuten.
- Etwa 370 Kalorien (1550 Joule) pro Person.

Die Zwiebel schälen und würfeln. Die Tomaten einritzen, 1 Minute in kochendes Wasser legen, herausnehmen, abziehen, in Würfel schneiden. Die Oliven in Scheibchen schneiden und die Knoblauchzehe zerquetschen. • Die Steaks mit ²/₃ der Butter wie üblich braten, dann aus der Pfanne nehmen, salzen, pfeffern und warm stellen. • In der gleichen Pfanne die restliche Butter zerlaufen lassen, die Zwiebelwürfel dazugeben und 5 Minuten dünsten. • Dann die Tomatenwürfel, die Olivenscheibchen, die zerquetschte Knoblauchzehe, die gehackte Petersilie und die zerdrückten Pfefferkörner dazugeben. Mit dem Sangrita auffüllen und alles so lange köcheln lassen, bis die Tomaten verkocht sind. • Die sämige Sauce über die Steaks geben und servieren.

Das paßt dazu: Reis oder Maiskolben (Rezepte Seite 101), ein Bier und vorweg natürlich, beidhändig getrunken, je 1 Glas Tequila und Sangrita.

Filetsteak à la moutarde

Bild Seite 44

Der Geschmack dieses Gerichtes ist so frisch, daß ein kräftiger Weißwein nicht schaden würde: entweder ein Elsässer Riesling oder ein Pfälzer.

Zutaten für 4 Personen:
4 Filetsteaks von 150–200 g · 2 Eßl. Öl · 20 g Butter · Salz · Pfeffer · 1 Eßl. Kräutersenf · 2 Eßl. Crème fraîche (siehe Kasten Seite 38) · gehackte Petersilie

- Zubereitungszeit: 20 Minuten.
- Etwa 320 Kalorien (1340 Joule) pro Person.

Die Steaks in Öl wie üblich braten, dann die Butter dazugeben. Die Steaks aus der Pfanne nehmen, salzen, pfeffern und warm stellen. • In den Bratfond den Senf und die Sahne einrühren und die Sauce noch einmal kurz aufkochen lassen. • Über die Steaks gießen und mit der gehackten Petersilie bestreuen.

Das paßt dazu: Pommes frites und Champignonsalat (Rezepte Seite 92 und 99).

Filetsteak nach belgischer Art

Vor einigen Jahren noch ein völlig unbekanntes Rezept, das erstmalig in einem meiner Kochbücher auftauchte. Ich serviere es immer noch gerne, wenn ich andere Köche überraschen möchte.

Zutaten für 1 Person:
1 mittelgroße Chicoréestaude · Salz · 1 Filetsteak von 150–200 g · 1 Eßl. Butter oder Öl · Pfeffer · 1 Prise getrockneter Thymian · 1 Scheibe Tilsiter oder Greyerzer Käse (40 g)

- Zubereitungszeit: 30 Minuten.
- Etwa 485 Kalorien (2030 Joule).

Aus der Chicoréestaude den eventuell bitteren Kern keilförmig herausschneiden. Den Chicorée 15 Minuten in sanft kochendem Salzwasser garen. • Das Filetsteak wie gelernt in Butter oder Öl braten, aber etwas kürzer, als man es gerne ißt. • Das gebratene Steak mit Pfeffer, Salz und dem zerriebenen Thymian würzen. • Die heiße Chicoréestaude auf das Filetsteak legen, mit der Käsescheibe überdecken und so lange in den Grill geben, bis der Käse anfängt zu schmelzen.

Variante: Eine dicke Béchamelsauce (weiße Fertigsauce aus dem Beutel mit Milch zubereiten) mit 2–3 Eßlöffeln geriebenem Käse vermischen. Das Steak und den aufgelegten Chicorée mit der Sauce überziehen und ebenfalls überbacken.

Das paßt dazu: Kartoffelgratin (Rezept Seite 95), gegrillte Tomaten und ein kühles Helles. Wenn's ganz echt sein soll, eines aus Belgien.

Filetsteak auf Gänseleberpastete

Bevorzuge ich für einen sonntäglichen Brunch oder als kleine komplette Mahlzeit.

Zutaten für 4 Personen:
4 kleine, dicke Filetsteaks zu je 150 g · 5 Eßl. Butter · Salz · 4 Scheiben Toastbrot · 100 g Gänseleberpastete · 125 g frische Champignons · 400 g Hühnerleber · 2 Eßl. klare Fleischsuppe · Pfeffer · Salbei

- Zubereitungszeit: 35 Minuten.
- Etwa 690 Kalorien (2890 Joule) pro Person.

Die Steaks möglichst rund zusammenschieben, eventuell so binden, daß sie klein, aber dick sind. • Wie gelernt anbraten, 2 Eßlöffel Butter dazugeben und die Steaks insgesamt 5–6 Minuten braten. Salzen. • Das Toastbrot rösten und mit Gänseleberpastete-Scheiben belegen (die 100-g-Angabe ist ein Mittelmaß, manchmal enthalten die Dosen auch nur 90 g). Auf dieses Gänseleberbett die Steaks legen. • Die Champignons

Crème fraîche

muß man selber bereiten, da sie sich unverständlicherweise auf dem deutschen Markt nicht durchsetzt und die meist dafür verwendete saure Sahne doch nicht dasselbe ist. Es gibt verschiedene Methoden, die aber alle von der Sahne abhängig sind. Da Schlagsahne unterschiedlich aufbereitet wird, muß man probieren, bis man die geeignete gefunden hat. Ich habe die besten Erfahrungen mit folgender Zubereitungsmethode gemacht: $^1/_8$ l Sahne (30 %) und 1 Teelöffel Buttermilch verrühren, Gefäß mit Sichtfolie verschließen. Bei Zimmertemperatur 12 Stunden oder bis die Sahne cremig ist stehenlassen. Mit Folie bedeckt in den Kühlschrank geben. Kalt verwenden. Ganz neu und gut: »Sahne-Dickmilch«.

ganz fein schneiden, 2 Minuten in der restlichen Butter anschmoren. Auf die Steaks häufen. • Die Hühnerleber in derselben Pfanne scharf braten und mit Salz, Pfeffer und Salbei würzen. Bratfond mit klarer Fleischsuppe lösen. • Gerecht auf die 4 Portionen verteilen.

Variante: Statt Gänseleberpastete feine Leberwurst nehmen.

Filetsteak Schloß Favorite

Bei Baden-Baden liegt Schloß Favorite, das einstige Lustschloß der Markgräfin Sybilla Augusta, der Witwe des Türkenlouis. Von seinen Feldzügen brachte er die ersten Datteln und Mandeln in diese Gegend und ließ auch den ersten Meerrettich anpflanzen. Ein Küchenmeister aus Baden-Baden schrieb mir dieses Rezept zur Erinnerung an Badens berühmten Markgrafen auf.

Zutaten für 4 Personen:
4 Filetsteaks zu je 200 g · 3 Eßl. Butter oder Öl · 12 Datteln · 3 Eßl. Honig · 1 Eßl. geröstete Mandelsplitter · ¼ l Sahne · 2 Eßl. Meerrettich

- Zubereitungszeit: 30 Minuten.
- Etwa 705 Kalorien (2950 Joule) pro Person.

Die Steaks in Butter oder Öl braten oder grillen und warm stellen. • Die Datteln entkernen, mit dem Honig heiß werden lassen und mit den Mandelsplittern bestreuen. • Die Sahne steif schlagen und den Meerrettich unterziehen. • Die Steaks mit der Meerrettich-Sahne überziehen und mit den Datteln garnieren.

Das paßt dazu: Strohkartoffeln (Rezept Seite 93) und ein Glas Affenthaler oder Kaiserstühler, wenn es sich ermöglichen läßt, aus Bickensohl.

Filetsteak Maurice

Noch ein Filetsteak mit Meerrettich, diesmal aber nicht mit Süßem kombiniert. Ich weiß nicht, welchem Rezept ich den Vorzug geben soll. Vielleicht jedem zu seiner Zeit.

Zutaten für 4 Personen:
4 Filetsteaks zu je 250 g · 1 Knoblauchzehe · 3 Eßl. Butter · grobes Salz · grob gemahlener schwarzer Pfeffer · 1 Dose Champignons in Scheiben (410 ml) · 2 Eßl. Weinbrand · 1 Eßl. Zitronensaft · 200 g Hühnerleberpastete · ⅛ l Sahne · 1 Eßl. Meerrettich

- Zubereitungszeit: 45 Minuten.
- Etwa 730 Kalorien (3060 Joule) pro Person.

Auf die Steaks den Knoblauch pressen und mit breiter Messerklinge einmassieren. • In einer schweren Pfanne die Butter erhitzen, die Steaks hineingeben und nach Geschmack, aber nicht zu blutig, braten. Herausnehmen, salzen, pfeffern, auf der Servierplatte warm stellen. • Die Pilze abgießen, in die Steak-Bratpfanne geben, erhitzen. • Den Weinbrand in einem Schöpfer anwärmen, anzünden und zu den Champignons geben. Ausbrennen lassen, dann den Zitronensaft einrühren. Die Pilze mit Seihlöffel herausnehmen, auf vorgewärmtem Teller warm stellen. • Jetzt die Hühnerpastete in die Pfanne geben und rühren, bis sie cremig ist. Die Sahne und den Meerrettich dazurühren. • Die Steaks mit der Sauce übergießen und mit den Pilzen garnieren.

Das paßt dazu: grüne Bohnen und Kartoffelrosetten (Rezept Seite 94).

Pariser Pfeffersteak

Bild Seite 18

Ob Sie sich den schwarzen Pfeffer in einem Mörser selbst grob stoßen oder ob Sie ihn schon grobgemahlen kaufen, sei Ihnen freigestellt; ich bin für den Mörser, denn der Pfeffer sollte noch richtig grobkörnig sein.

Zutaten für 4 Personen:
4 Filetsteaks zu je 200 g · Salz · 1–2 Eßl. grobgemahlener schwarzer Pfeffer · 4 Eßl. Butter · 3 Eßl. Cognac

- Zubereitungszeit: 25 Minuten.
- Etwa 335 Kalorien (1615 Joule) pro Person.

Die Steaks gegen alle sonstigen Regeln zuerst salzen und dann den grobgemahlenen Pfeffer einmassieren. • Die Steaks mit der Butter wie gelernt saignant braten. • Währenddessen 4 Teller heiß stellen und auf jeden Teller ein wenig Cognac gießen. Die Steaks direkt aus der Pfanne daraufgeben. • Einen Löffel erwärmen, den restlichen Cognac nach und nach auf den Löffel gießen, anzünden und brennend über die Steaks geben. Die Steaks leicht anheben, damit die Flammen sie auch von unten sanft anbrennen können.

Variante: Wer ein milderes, leicht süßes Aroma liebt, nimmt Armagnac statt Cognac.

Das paßt dazu: Pommes frites oder Strohkartoffeln (Rezepte Seite 92 und 93) und ein einjähriger, kühler Beaujolais, denn er kann auch den Pfefferdurst löschen.

Grünes Pfeffersteak

Bild Seite 43

Ich liebe den Geschmack von frischen Pfefferbeeren ganz besonders, und seit wenigen Jahren kann man sie eingelegt auch bei uns bekommen.

Zutaten für 4 Personen:
2 Eßl. Öl · ½ Teel. Maggi Würzmischung 1 · 4 Filetsteaks zu je 200 g · 2 Eßl. grüne Pfefferbeeren

- Zubereitungszeit: 30 Minuten.
- Etwa 310 Kalorien (1300 Joule) pro Person.

Das Öl mit der Würzmischung verrühren. In die Steaks einmassieren, etwas einziehen lassen, dann den Vorgang wiederholen. • Im vorgeheizten Grill von jeder Seite 5 Minuten grillen. • Die grünen Pfefferbeeren mit einer Gabel etwas andrücken, auf den Steaks anrichten.

Das paßt dazu: gegrillte Tomaten, Radieschensalat (Rezept Seite 99) und ein kühles Helles.

Steak-Binden

Das Filet am Stück so oft mit feiner, ungeleimter Schnur abbinden, wie man Steaks schneiden will. Genau in der Mitte dazwischen mit scharfem Messer durchschneiden. Ein einzelnes Steak schiebt man mit den Händen rund und hoch zusammen, legt die Schnur darum, zieht sie an und verknotet sie, dann staucht man das Steak mit dem Handballen etwas zusammen.

Carpetbag Steak

Diese Steaks sind eine besonders köstliche Lekkerei zum Katerfrühstück nach einer gemeinsam durchbummelten Nacht.

Zutaten für 4 Personen:
4 kleine dicke Filetsteaks zu je 200 g · 12 Austern · 2 Eßl. Butter · Salz · Pfeffer

- Zubereitungszeit: 40 Minuten.
- Etwa 370 Kalorien (1550 Joule) pro Person.

In jedes Steak eine Tasche schneiden, aber die Öffnung dafür so klein wie möglich halten. • Die Austern öffnen. • Die Butter schmelzen lassen, die Austern hineingeben und erwärmen, bis sie sich kräuseln. Mit Salz und Pfeffer würzen. Mit dem Seihlöffel herausnehmen, abtropfen lassen. • Je 3 Austern in jede Steaktasche geben und zunähen. • Die Steaks beidseitig mit der Bratbutter der Austern bestreichen und in derselben Pfanne von jeder Seite 5 Minuten braten, so bleiben sie rare medium.

Das paßt dazu: unbedingt ein Guinness oder ein König Pils, außerdem Stangenweißbrot.

Trüffelsteak

Für dieses Rezept wäre es günstig, im Périgord in der Nähe der Trüffelsuchschweine zu leben. Da mir dies nicht vergönnt ist, habe ich die Trüffelmenge auf hiesige Verhältnisse reduziert.

Zutaten für 4 Personen:
40 g Trüffeln · 4 Filetsteaks zu je 200 g · 3 Eßl. Butter · Salz · Pfeffer · 4 Eßl. Sahne

- Zubereitungszeit: 20 Minuten.
- Etwa 375 Kalorien (1570 Joule) pro Person.

Die Trüffeln in feine, aber nicht zu dünne Scheiben schneiden. • Die Steaks in trockener, heißer Pfanne schnell beidseitig anbraten. Nach dem ersten Wenden bereits die Steaks mit den Trüffeln belegen. • Die Butter in die Pfanne geben. • Die Steaks wie gewünscht braten, dabei vor dem Wenden die Trüffelscheiben jeweils abnehmen und nach dem Wenden die Steaks wenig salzen und pfeffern und die Trüffeln wieder auflegen. • Die Steaks auf vorgewärmten Tellern warm halten. • Den Bratfond mit der Sahne lösen und über die Trüffelsteaks gießen.

Das paßt dazu: nur Weißbrot, um Fleischsaft und Sößchen aufzutunken.

Französisches Steak

In der Zubereitung dem Ur-Steak sehr nahe, aber doch sehr verfeinert.

Zutaten für 4 Personen:
4 Filetsteaks zu je 200 g · 100 g Sardellenbutter (Rezept Seite 87)

- Zubereitungszeit: 20 Minuten. Ruhezeit: 30 Minuten.
- Etwa 375 Kalorien (1570 Joule) pro Person.

Die Steaks mit der Sardellenbutter üppig und gründlich einmassieren. 30 Minuten stehenlassen, dann auf beiden Seiten je nach gewünschter Innenfarbe grillen. • Die Restbutter darauf schmelzen lassen.

Variante: Das Französische Steak wird häufig auch mit Club Steak zubereitet.

Der milde, aromatische grüne Pfeffer gibt diesem Steak ▷
einen interessanten Akzent. Rezept Seite 40.

Das paßt dazu: Pommes frites (Rezept Seite 92) und grüner Salat, der mit Knoblauch parfümiert wurde, und ein kalter Rosé, ein spritziger Mosel oder einer der Schweizer Weine vom Neuenburger See.

Minifilet Wellington

Der große Vorteil dieser Abwandlung des Originalfilets Wellington, das zu den Braten gehört, liegt darin, daß sich bequem und schnell eine Einzelportion herstellen läßt.

Zutaten für 1 Person:
1 Platte tiefgekühlter Blätterteig (60 g) · 1 Filetsteak von 200 g · Salz · Pfeffer · 1 kleine Dose Leberpastete · 1 Eiweiß

- Antauzeit: 15 Minuten. Zubereitungszeit: 20 Minuten.
- Etwa 750 Kalorien (3140 Joule)

Den Blätterteig antauen lassen, dann zu einem Quadrat ausrollen. • Das Filetsteak gut abtrocknen, leicht salzen und pfeffern und die Oberseite dick mit Pastete bestreichen. Mit dieser Seite auf die Mitte der Teigplatte legen und die Restpastete auf das Fleisch streichen. • Die Teigränder mit verquirltem Eiweiß bestreichen und den Teig über dem Steak fest zu einem Päckchen zusammendrücken. • Auf ein nasses Backblech legen und im vorgeheizten Ofen bei 200 Grad 12–15 Minuten backen, je nachdem wie blutig das Steak und wie braun der Teig gewünscht wird.

Variante: Das Minifilet mit einfacher Leberwurst bestreichen.

Das paßt dazu: grüner Salat oder Champignonsalat (Rezept Seite 99) oder Preiselbeeren.

Kräutersteak

Selbst notfalls würde ich diese Steaks nur ungern mit getrockneten Kräutern bereiten, die in diesem Fall einfach nicht denselben Geschmack wie frischer Rosmarin und Salbei erzielen.

Zutaten für 2 Personen:
2 dicke Filetsteaks zu je 300 g · 1 Knoblauchzehe · 3 Eßl. Butter · 6 Salbeiblätter · 2 Zweiglein Rosmarin · Salz · Pfeffer · 2 Eßl. Weinbrand · 10 Eßl. Sahne · 3 Teel. französischer Senf · 2 Eßl. trockener Weißwein · 2–3 Spritzer Worcestersauce

- Zubereitungszeit: 35 Minuten.
- Etwa 755 Kalorien (3160 Joule) pro Person.

Die Steaks mit der Knoblauchzehe beidseitig abreiben. • Die Butter in der Pfanne erhitzen, die Hälfte der Salbeiblätter und das Rosmarinzweiglein hineingeben und die Steaks darauf wie gelernt und gewünscht beidseitig braten. • Das überschüssige Fett abgießen. Die Steaks in der Pfanne salzen und pfeffern. • Den Weinbrand in einem Schöpflöffel erwärmen, anzünden und zu den Steaks in die Pfanne geben. Ausbrennen lassen. Die Gewürze herausfischen. • Bei kleiner Hitze die Pfanne auf den Herd zurückgeben. • Den Senf mit 2 Eßlöffeln Sahne anrühren, mit der restlichen Sahne, dem Weißwein und der Worcestersauce aufgießen und verquirlen. Zu den Steaks geben, aufkochen, so daß die Sahne sich absetzt. • Inzwischen die verbliebenen Salbeiblätter feinhacken, an die Sauce rühren. • Die Steaks herausnehmen, auf vorgewärmter Platte anrichten, mit der Sauce übergießen.

Das paßt dazu: Warschauer Bratkartoffeln und Radieschensalat (Rezepte Seite 96 und 99).

MOUTARDE DES RÔTISSEURS
THOMY
UNE VRAIE MOUTARDE GROS-GRAIN, AFFINÉE DE VIN BLANC
Fournisseur Breveté des Cours Etrangères
COURVOISIER
TROIS ETOILES LUXE
COGNAC
HAECKY IMPORTATION S.A. BALE

◁ Mit einer pikanten Sauce aus französischem Senf bekommt dieses Steakgericht seine besondere Note. Rezept Seite 37.

Filetsteak mit 2 × Käse

Eine äußerst diffizile Zubereitung, da Käse bei Steakhitze in der Pfanne gerne verbrennt. Außerdem muß getan werden, was normalerweise verboten ist: Die mit der Faser geschnittenen Steaks werden auch noch geklopft.

Zutaten für 4 Personen:
1 Filet von 800 g • 62,5 g Gorgonzola • 5 Eßl. Butter • 1 Messerspitze Cayennepfeffer • 8 Sardellenfilets • Salz • Pfeffer • 100 g eingelegte rote Pimentos • 125 g aufgeschnittener Greyerzer Käse • 1 Eßl. gehackte Petersilie

- Zubereitungszeit: 1 Stunde.
- Etwa 610 Kalorien (2555 Joule) pro Person.

Das Filet der Länge nach halbieren und flachklopfen, bis es nur noch gut 1 cm dick ist. • Den Gorgonzola mit 2 Eßlöffeln Butter glattrühren, mit dem Cayennepfeffer würzen. • Die Sardellenfilets wässern. • Die restliche Butter erhitzen, die langen Steaks nacheinander nur so lange hineingeben, bis sich die Poren geschlossen haben, dabei einmal wenden. Herausnehmen und das Fett mit Küchenkrepp abtupfen. Salzen und pfeffern. • Das eine Steak mit der Käse-Butter bestreichen, das andere daraufklappen. Mit kräftigem Zwirn wie ein Paket verschnüren. • Das gefüllte Steak in die heiße Pfanne zurückgeben und auf jeder Seite 1½ Minuten braten lassen, wenn man es blutig mag, knapp 3 Minuten, wenn es rosig sein soll. Herausnehmen, den Zwirn abnehmen und auf den Grillrost legen. • Die Pimentos in feine Streifen schneiden, die Sardellen abtrocknen. • Das Steak erst mit Greyerzer Käse, dann mit Pimentos und Sardellen belegen. • In den vorgeheizten Grill geben, bis der Käse schmilzt und sich bräunt. • Mit Petersilie bestreut anrichten.

Steak-Sandwich

Das Sandwich ist als Mahlzeit für 1 Person gut geeignet, läßt sich aber leicht vervielfachen.

Zutaten für 1 Person:
1 Filetsteak von 150 g • Öl • 1 Scheibe Toastbrot • 1 Eßl. Butter • 1 Eßl. geriebener Parmesan • Worcestersauce • Salz • Pfeffer

- Zubereitungszeit: 15 Minuten.
- Etwa 470 Kalorien (1965 Joule)

Das Steak, das relativ klein sein soll, dafür aber dicker geschnitten, einölen. • So braten, daß es innen noch leicht blutig ist. • Das Toastbrot dick mit Butter bestreichen, mit geriebenem Parmesan nicht zu dünn bestreuen und im Herd oder im Grill überbacken. Dabei soll nur die Oberseite mit dem Käse gratiniert werden, die Unterseite des Brotes wird nicht geröstet. So saugt das Brot nachher den Fleischsaft besser auf. • Das Steak mit einem Spritzer Worcestersauce, Salz und Pfeffer würzen, mit einem Stich Butter überglänzen und auf dem Käsetoast servieren.

Das paßt dazu: grüner Salat mit Roquefortdressing und ein herber italienischer Rotwein, vielleicht ein Barolo.

Kobe-Erinnerungssteak

Ein echtes japanisches Kobesteak wird man hier nicht bekommen. Als Ersatz bietet sich bestes argentinisches Filetsteak an, das mindestens 3 Wochen reifte und das man noch 3 Tage in Öl einlegt. Da es auch hier nicht die Eisenplatten gibt, auf denen in Japan dieses Steak serviert wird, kann man eine gußeiserne Crêpepfanne (ohne Rand) oder eine feuerfeste Platte nehmen.

Beides sollte sehr heiß sein und auf einem Holzbrett stehen.

Zutaten für 1 Person:
1 Filetsteak von 300 g · 1 Eßl. japanische Sojasauce · 1 Dose Sojabohnenkeime (425 ml) · 2 Eßl. Erdnußöl · Zitronensaft · Pfeffer · Zucker

- Zubereitungszeit: 10 Minuten. Marinierzeit: 3 Tage.
- Etwa 750 Kalorien (3140 Joule).

Das Steak in einer trockenen Pfanne auf jeder Seite 2 Minuten braten, die Oberseite mit Sojasauce würzen. • Gleichzeitig die Sojabohnenkeime in Öl 4 Minuten schmoren, mit Zitronensaft, Pfeffer und Zucker würzen. • Mit dem Steak auf einer heißen Platte servieren. • Wem das Steak zu roh ist, kann jeweils die abgeschnittenen Scheiben selbst auf der Servierplatte nachbraten.

Das paßt dazu: japanisches Bier oder deutsches Export.

Boeuf à la ficelle

Hinter diesem »Rind am Bindfaden« – wie es wörtlich übersetzt heißen müßte – verstecken sich à point gekochte Filetsteaks, so wie ich sie bei »Carrier's« in London aß.

Zutaten für 4 Personen:
2 l klare Fleischsuppe · 2 Markknochen · 4 Möhren · 2 Stangen Lauch · 1 Zwiebel · 1 Nelke · 1 Knoblauchzehe · 1 Stückchen Sellerieknolle · 1 Stückchen Petersilienwurzel · 2 weiße Rüben · 250 g Rosenkohl · Salz · Pfefferkörner · 4 Filetsteaks zu je 200 g · Petersilie oder andere Kräuter

- Zubereitungszeit: 50 Minuten.
- Etwa 360 Kalorien (1505 Joule) pro Person.

Die Fleischsuppe mit den Markknochen aufsetzen und 15 Minuten kochen lassen, abschäumen. • Inzwischen alle Gemüse putzen, die Möhren der Länge nach vierteln, den Lauch in grobe Stücke schneiden, die geschälte Zwiebel mit der Nelke spicken, die weißen Rüben stifteln. • Die Gemüse, das Salz und 5 Pfefferkörner in die Fleischsuppe geben und kochen, bis sie gar sind. • Die Brühe abgießen und auf den Herd zurückstellen. • Das Gemüse warm stellen. • Die Filetsteaks mit einer längeren ungeleimten Schnur oder kräftigem Zwirn rund und hoch binden. Mit dem losen Schnurende an einem Löffelstiel festbinden und so in die wieder kräftig kochende Fleischsuppe hängen. Etwa 7–9 Minuten kochen lassen. • Die Steaks herausnehmen, Schnur oder Zwirn entfernen. • Petersilie oder andere Kräuter feinhacken, die Steaks darin wälzen. Auf vorgewärmte Teller geben, leicht salzen und mit frischem Pfeffer übermahlen.

Das paßt dazu: französischer Senf und grobes Salz. Die kräftige Brühe dazu trinken.

Filetsteak kalt

Wenn es irgend geht, mache ich gerne ein Steak zuviel und esse es abends kalt. Ich habe die kalten Steaks aber auch für Gäste eingeplant.

Zutaten für 4 Personen:
4 Filetsteaks zu je 175 g · 1 Zwiebel · 5 Eßl. Butter · Salz · Pfeffer

- Zubereitungszeit: 10 Minuten. Kühlzeit: mindestens 2 Stunden.
- Etwa 370 Kalorien (1550 Joule) pro Person.

Die Steaks wie gelernt braten. Die Zwiebel schälen und mit der Butter ganz in die Pfanne setzen. • Sind die Steaks saignant, in der Pfanne mit Salz und Pfeffer würzen. Herausnehmen und in eine tiefe Platte legen. • Mit der Bratbutter übergießen und kalt stellen. • Die Steaks abstechen und mit dem steifen würzigen Butterrand servieren.

Das paßt dazu: alle Arten von Brot, um die Bratbutter aufzustreichen, und marinierte Zwiebeln (Rezept Seite 97). Bier und Wein.

Das klassische Chateaubriand

Hier ist das Originalgericht, das der Koch Montmireil sich für den Staatsmann Chateaubriand ausgedacht und diesem so serviert hat. Inzwischen ist der Name Chateaubriand zu einer Art Gattungsbegriff für ein doppeltes Filetsteak geworden. Wundern Sie sich also nicht, wenn Sie irgendwo das Chateaubriand anders serviert bekommen.

Zutaten für 2 Personen:
1 Filetsteak von 400 g und gut 4 cm Dicke • 2 Schalotten • etwa 40 g Rindermark • 1 Messerspitze Fleischextrakt • 2 Teel. gehackter Schnittlauch • Salz • Cayennepfeffer oder 1 Tropfen Tabasco • 2 Eßl. Kräuterbutter

- Zubereitungszeit: 35 Minuten.
- Etwa 550 Kalorien (2300 Joule) pro Person.

In das gut 4 cm dicke Filetsteak quer zur Faser eine Tasche mit kleiner Einschnittöffnung schneiden. • Die Schalotten hacken, in der Pfanne kurz andünsten, das Rindermark, den Fleischextrakt und den gehackten Schnittlauch dazugeben. Gut durchmischen, mit Salz und Cayennepfeffer oder 1 Tropfen Tabasco würzen. • Das Chateaubriand mit der Mischung füllen. Die Fleischöffnung mit einem kleinen Holzspieß verschließen. Die Kräuterbutter zerlassen. • Das Steak für 12–15 Minuten in den Grill geben und unter Wenden mit der flüssigen Kräuterbutter regelmäßig bestreichen.

Variante: Das Chateaubriand zusammen mit der Kräuterbutter in der Pfanne 10–15 Minuten braten.

Das paßt dazu: Bratkartoffeln. Ich würde einen kräftigen Rotwein oder ein herbes Bier dazu trinken.

Kleiner Hinweis

Die von mir angegebenen Kalorienwerte sind bei der Angabe »Butter oder Öl« jeweils mit Öl berechnet.
1 Eßlöffel Butter = 116 Kalorien/486 Joule
1 Eßlöffel Öl = 83 Kalorien/347 Joule
Bei der Berechnung der Gesamtkalorien eines Rezeptes wurde berücksichtigt, wenn Bratfett oder Marinaden abgegossen und gar nicht oder nur anteilig mit zur Sauce verwendet werden.

Chateaubriand Stroganow

Zu diesem Chateaubriand in Sauce trinke ich gerne einen Weißherbst oder Rosé.

Zutaten für 2 Personen:
1 Zwiebel · 5 Eßl. Butter · 1 Eßl. Tomatenpüree · 1 knapper Teel. Knoblauchsaft · 4 Eßl. braune Sauce · 1 Eßl. Doppelwacholder · Worcestersauce · Tabasco · Pfeffer · Salz · 1 Schuß Portwein · 1 Filetsteak von 400 g

- Zubereitungszeit: 30 Minuten.
- Etwa 600 Kalorien (2510 Joule) pro Person.

Die Zwiebel kleinhacken und in der Hälfte der Butter bräunen, das Tomatenpüree, den Knoblauchsaft und die braune Sauce dazurühren. • Den Wacholderschnaps in einem Schöpflöffel erwärmen, anzünden, darübergießen, ausbrennen lassen, alles vermischen und mit den Gewürzen und dem Portwein scharf und pikant abschmecken. • Das Steak mit der restlichen Butter braten, so daß es innen rosig bleibt. Das Fleisch auf der vorgewärmten Servierschüssel schräg aufschneiden, damit der Saft aufgefangen wird. • Die Sauce durch ein Sieb dazupassieren und mit einer Gabel mit dem Fleischsaft vermischen.

Das paßt dazu: grüne Bohnen, Spargel oder Broccoli und Kartoffelrosetten (Rezept S. 94).

Chateaubriand Henri IV

Auch dieses Chateaubriand wird gefüllt. Die Masse ist aber anspruchsvoller in der Mischung.

Zutaten für 2 Personen:
1 Filetsteak von 500 g · 1 großer Steinpilz · 4 Rohrzwiebeln · 4 Scheiben gekochtes Rindermark · 2 Eßl. Rotwein · 1 Teel. getrockneter Rosmarin · Salz · Pfeffer · 2 Eßl. Butter oder Margarine · 3 Eßl. Sardellenbutter (Rezept Seite 87)

- Zubereitungszeit: 30 Minuten.
- Etwa 745 Kalorien (3120 Joule) pro Person.

In das Filetsteak quer zur Faser eine Tasche mit kleiner Einschnittöffnung schneiden. • Den Pilz und die Rohrzwiebeln kleinschneiden. • Das Rindermark in eine heiße Pfanne geben, Pilze und Zwiebelgrün dazugeben und alles kurz anbraten. • Mit dem Rotwein angießen, mit zerriebenem Rosmarin, Salz und Pfeffer würzen. Bei ganz sanfter Hitze dünsten lassen. Die Mischung mit dem Seihlöffel herausnehmen, in die Fleischtasche geben und den Einschnitt zustecken oder -nähen. • Auf dem Rost von beiden Seiten je 7 Minuten grillen. Dabei häufig mit zerlassener Butter oder Margarine bestreichen. • Das Chateaubriand salzen und pfeffern, etwas ruhen

Erinnern Sie sich

Chateaubriand, auch doppeltes Filetsteak genannt, stammt aus der Mitte des Filets, sollte gut 400 Gramm, aber nicht mehr als 500 Gramm wiegen, denn dann kann es nicht mehr kurz gebraten werden. Chateaubriand wird beim Braten mit einem Eßlöffelrücken immer wieder etwas flach gedrückt und nach einigen Minuten Ruhezeit dünn aufgeschnitten.

lassen, dann in Streifen schneiden. • Jeden Streifen mit kühler Sardellenbutter belegen.

Das paßt dazu: Pommes de terre Anna und Chicorée-Orangen-Salat (Rezepte Seite 95 und 99).

Französisches Filetsteak

Bild Seite 53

Ein Super-Chateaubriand, das eigentlich schon ein Braten ist und nicht hierher gehört. Aber ich muß es Ihnen aufschreiben, nachdem ich das Rezept von der französischen Köchin bekam, die es mir servierte.

Zutaten für 4–6 Personen:
1 Filetsteak von 1 kg · 2 Eßl. Öl · 100 g Roquefort · 2 Eßl. Cognac · Butter zum Bestreichen · Salz · Pfeffer

• Zubereitungszeit: 20 Minuten. Bratzeit: 50 Minuten.
• Etwa 505/335 Kalorien (2115/1400 Joule) pro Person.

Das Filetsteak gut mit Öl einmassieren und dann mit einem scharfen Messer schräg von rechts und links oben mehrmals einschneiden. • Den Roquefort mit dem Cognac verrühren und in die Fleischtaschen füllen, dann das Ganze säuberlich mit einer ungeleimten Schnur oder mit kräftigem Zwirn umwickeln. • Das Chateaubriand 50 Minuten lang am Spieß über Holzkohle grillen oder im Elektrogrill am Drehspieß, besser noch im Grillkorb zubereiten. Dabei reichlich mit Butter bepinseln. Herausnehmen, mit Salz und Pfeffer würzen. • Vor dem Anschneiden 5 Minuten ruhen lassen.

Das paßt dazu: Weißbrot und ein großer herber Bordeaux.

Chateaubriand nach Art des Herrn Pfarrer Kneipp

Ich fand dieses Rezept in etwas altmodischerer Form im »Kochbuch im Sinne Kneipps« und habe es ausprobiert, da mir Steak nicht roh genug sein kann.

Zutaten für 2 Personen:
1 Filetsteak von etwa 400 g · einige Streifen Spickspeck · 50 g Champignons · 1 Trüffel · 3 Eßl. Butter oder Margarine · 1 Eßl. klare Fleischsuppe · 2 Eßl. Madeira · 1 Eßl. Sahne

• Zubereitungszeit: 20 Minuten.
• Etwa 540 Kalorien (2260 Joule) pro Person.

Das Filetsteak mit einem Schlag breitklopfen und mit den Speckstreifen quer zur Faser spicken. • Die Champignons und die Trüffel kleinschneiden. • In einer schweren Pfanne Butter oder Margarine heiß werden lassen, das Filetsteak hineingeben und auf beiden Seiten nicht länger als je 2 Minuten bei großer Hitze braten. • Die Fleischsuppe und den Madeira dazugeben, die Pfanne vom Herd nehmen, das Steak herausnehmen, auf eine warme Schüssel legen und die Champignons, die Trüffelstückchen und die Sahne in den Bratsatz geben. Rühren und kurz aufkochen lassen. • Die Pilze herausfischen, auf dem Steak anrichten, das Fleisch leicht anheben und die Sauce daruntergießen.

Das paßt dazu: Weißbrot und badischer Wein.

Tournedos auf vielerlei Art

Die Lendenschnittchen oder Medaillons kann man durch Beilagen auf vielerlei Art anrichten. Ich zählte allein 272 Serviermöglichkeiten. Hier möchte ich Ihnen das Grundrezept geben und zwei Dutzend Variationen aufzählen.

1 Tournedos von 4–5 cm Dicke · Senf · Öl · Pfeffer · Salz

Das Tournedos leicht klopfen, dann zusammendrücken und mit einem Faden rund binden. • Zart mit Senf bestreichen und in heißem Öl von jeder Seite etwa 2–3 Minuten braten. • Nach dem Braten den Bindfaden entfernen und das Fleisch pfeffern und salzen. Das Tournedos sollte innen zartrosa sein.

Bereitet man Tournedos für mehrere Personen, kauft man Filet am Stück und bindet es wie im Kasten auf Seite 51 beschrieben. Man schneidet es und drückt jedes Tournedos zuerst mit dem Handballen flach und dann wieder rund und hoch.

Alsterschiff
Die Tournedos (2 pro Person) auf 1 mit Salatblatt bedeckte Toastbrotscheibe legen. Mit einer Mischung aus zusammen gedämpften Champignons, feingeschnittener grüner und roter Paprikaschote und Salatherzen (auf je 1 Paprikaschote 1 Salatherz) umlegen. Mit Kräutern bestreuen.

Aschenbrödel
Tournedos auf 1 mit püriertem, abgeschmecktem Zwiebelmus gefüllten Artischockenboden setzen. Unter das Mus etwas gehackte Trüffeln mischen.

Bergère
Auf die Tournedos 1 runde Scheibe gebratenen Schinken legen, darauf 1 Streifen knusprig gebratenen Frühstücksspeck. Dazu glasierte Zwiebelchen, gedämpfte Pilze und Strohkartoffeln (Rezept Seite 93).

Bordeaux
Tournedos mit gekochten Markscheiben belegen, mit Bordeauxsauce (Fertigprodukt) übergießen, mit Petersilie bestreuen.

Cäsar
Tournedos kürzer als sonst braten. Dickes Zwiebelmus mit Streifen von Pökelzunge mischen (¼ der Menge soll Zunge sein). Die Tournedos damit bestreichen. Mit geriebenem Käse bestreuen, mit Butter betropfen und im Grill kurz überbacken.

Elsässer Art
½ geröstetes, ausgehöhltes Brötchen mit Sauerkraut füllen und mit Schinken abdecken. Das Tournedos daraufsetzen.

Fürst Metternich
Das Tournedos auf einen Sockel aus pürierten Champignons und Reis setzen, mit Trüffeln, ganzen Champignons und kleinen Kartoffeln garnieren.

Lesdiguières
Tournedos auf eine weichgedünstete, ausgehöhlte und mit Spinat gefüllte Zwiebelhälfte setzen. Das Ganze mit Käsesauce übergießen.

Marschall
Tournedos mit Trüffelscheiben belegen und mit Spargelspitzen garnieren. Den Bratfond mit Crème fraîche (siehe Kasten Seite 38) zur Sauce rühren.

Masséna
Je 1 Tournedos auf 1 im Bratfond erhitzten Artischockenboden setzen. Fond mit Madeira und

Tomatenmark lösen, über die Tournedos gießen. Dazu Blätterteigcroûtons.

Meyerbeer
Tournedos auf Risotto setzen, das in Förmchen gepreßt und gestürzt wurde. Mit gebratenen Hammelnierchen belegen. Trüffelsauce.

Mireille
Tournedos mit Tomatensauce übergießen, dazu Mireille-Kartoffeln: rohe Kartoffelscheiben in Butter gebraten, gemischt mit gebratenen Artischockenböden und Trüffeln.

Moderne Art
Je 1 Tournedos auf 1 dicke Scheibe gebratene Aubergine setzen und mit 1 kleinen geschälten, in Butter gedünsteten, mit gehacktem Estragon bestreuten Tomate krönen. Dazu Nudeln, in Butter geschwenkt, und mit Estragon gewürzte Kalbsjus servieren.

Monte Carlo
Pro Person 2 Toastscheiben rösten und mit je 1 Tournedos belegen. Auf jedes 1 verlorenes Ei setzen und einmal mit Tomaten-, zum anderen mit Béarnaise-Sauce (Rezept Seite 88) überziehen. Mit Kartoffeln, Gemüsen und Salat servieren.

Niçoise
Je 1 Tournedos auf 1 in Öl gebratene Toastbrotscheibe setzen, mit Sardellenfilet und Olive garnieren. Bratfond mit Kalbsjus, Tomatenmark, Weißwein, Knoblauch und Estragon zur Sauce bereiten. Über Tournedos gießen.

Orleans Art
Tournedos auf gedünstetem Chicorée anrichten. Sauce mit Eidotter und Sahne binden.

Palatin
Tournedos mit gebratenen Perlzwiebeln, Speckwürfeln und Apfelspalten dekorieren.

Pariser Art
Tournedos auf 1 breitgeformte, schön knusprigbraun gebratene Kartoffelkrokette legen. Mit gehackter Petersilie bestreuen und mit 1 Champignonkopf krönen. Den Bratsatz mit trockenem weißem Wermut ablöschen und über das Tournedos gießen.

Rossini
Tournedos auf Toastscheibe setzen, mit Gänseleberscheiben und Trüffeln belegen. Dazu Salat und Pommes frites (Rezept Seite 92).

Erinnern Sie sich

Tournedos, auch als Lendenschnittchen oder Medaillon angeboten, wird vor der Filetspitze aus dem schmalen Teil des Filets geschnitten. Es ist 4 bis 5 Zentimeter dick und 100 bis 125 Gramm schwer.
Es wird zum Braten gebunden, damit es schön hoch bleibt. Häufig umwickelt man es vor dem Binden mit einer feinen Scheibe Speck so hoch wie das Fleisch, das gibt Geschmack und verhindert jegliches Austrocknen.

An die Zeit unserer Urväter erinnert die Steakzubereitung auf dem Holzkohlengrill. Das Rezept für das Französische Filetsteak finden Sie auf Seite 49. ▷

Rubens
Wie bei Monte Carlo, nur diesmal statt Béarnaise Holländische Sauce nehmen. Mit Bohnen, Karöttchen, Kartoffeln und Endiviensalat servieren.

Sardinisch
Tournedos mit gefüllten Tomaten und Gurken sowie mit Safran-Reis-Kroketten und Tomatensauce garnieren.

Sultans Art
Tournedos auf Safranreissockel anrichten, mit verlorenem Ei belegen, mit Trüffelsauce übergießen. Dazu gebackene Auberginen.

Voisin
Tournedos auf Pommes de terre Anna (Rezept Seite 95) anrichten, mit halbierten gegrillten Tomaten belegen. Dazu Artischockenböden, gefüllt mit Spinat und grünen Erbsen.

Tournedos Pierre Alexandre

So hat mir der Koch des Flughafen-Restaurants in Nîmes-Garons Tournedos vorgesetzt. Ich will das von mir nach ihm benannte Rezept aufführen, da es mehr als nur Garnitur bietet.

Zutaten für 4 Personen:
4 Tournedos von je 4 cm Dicke · 2 Eßl. Margarine · 100 g frische Gänseleber · 4 dicke Scheiben Weißbrot · ⅛ l Chablis · 4 Eßl. Kalbsjus · 1 Eßl. Butter

- Zubereitungszeit: 25 Minuten.
- Etwa 430 Kalorien (1800 Joule) pro Person.

In die Tournedos auf halber Höhe ein scharfes kleines Küchenmesser stoßen und den Schnitt durch Drehen des Messers zu einer kleinen Tasche erweitern. Dabei den Einschnitt messerklingenbreit halten. • Die Gänseleber (notfalls Puterleber) im Mixer pürieren. In die Fleischtasche füllen. • Die Tournedos in der heißen Margarine von jeder Seite 3 Minuten braten, dabei beim Wenden den Fleischeinschnitt nach oben kehren. • Inzwischen die Weißbrotscheiben entrinden, rundschneiden und toasten. • Die Tournedos daraufsetzen, warm stellen. • Den Bratsatz mit dem Chablis lösen, die Kalbsjus (Rezept Seite 91) einrühren und etwas einkochen lassen. • Mit der Butter abrühren und über die Tournedos gießen.

Das paßt dazu: Kartoffelkroketten (Rezept Seite 95) und natürlich weiterer Chablis.

Tournedos au gros sel

Noch zum Abschluß der Tournedos-Varianten eine Zubereitung, die mir in den USA unterkam.

Zutaten für 4 Personen:
4 Tournedos von je 4 cm Dicke · 1 Pfund grobes Salz

- Zubereitungszeit: 30 Minuten.
- Etwa 150 Kalorien (630 Joule) pro Person.

Die Tournedos erst einmal mit dem Handballen flachdrücken, dann wieder zusammenschieben. • In einer Springform das Salz im Backofen auf der Mittelschiene bei 250 Grad erhitzen, bis das Salz zu knistern beginnt. • Die Tournedos daraufsetzen und 6 Minuten im Ofen backen lassen.

Das paßt dazu: Diese fettlos zubereiteten Tournedos können mit beliebiger Garnitur angerichtet werden.

◁ Reich garniert mit Oliven und Sardellen wird das Rumpsteak Mirabeau. Rezept Seite 57.

Filet Mignon klassisch

Läßt sich nicht so schnell zubereiten, da die traditionelle Beilage »Geflügelklößchen« doch etwas mehr Arbeit macht. Ich bereite gerne eine größere Portion von den Klößchen zu und friere sie in Portionen ein.

Zutaten für 4 Personen:
300 g gekochtes Hühnerfleisch · 30 g geräucherter Speck · 2 Eßl. Semmelbrösel · 1 Ei · Salz · Pfeffer · 1 Prise getrockneter Estragon · ½ l Hühnersuppe · 1 Dose Erbsen (210 ml) · 1 Dose Artischockenböden · 2 Eßl. Butter oder Margarine · geriebene Muskatnuß · gehackte Petersilie · 8 Filetsteaks zu je 75 g · 2–3 Eßl. Kokosfett · 1 Trüffel

- Zubereitungszeit: 35 Minuten.
- Etwa 610 Kalorien (2555 Joule) pro Person.

Das Hühnerfleisch ohne Haut und Knochen mit dem Speck durch den Fleischwolf drehen. Mit den Semmelbröseln und dem Ei zu festem Fleischteig verarbeiten, salzen, pfeffern und mit zerriebenem Estragon würzen. Kleine Klößchen daraus formen. In die kochende Hühnersuppe einlegen, die Hitze reduzieren und die Klößchen 15 Minuten ziehen lassen. • Die Erbsen und die Artischockenböden abgießen, beide getrennt in der Butter oder Margarine erhitzen, dann die Erbsen in die Böden füllen mit Salz und 1 Prise geriebener Muskatnuß würzen, mit Petersilie bestreuen. • Die Filetsteakchen flachdrücken, im heißen Kokosfett von beiden Seiten je 1½ Minuten braten, dabei nach ½ Minute wenden. • Die Filets Mignons herausnehmen und mit den Geflügelklößchen und den gefüllten Artischockenböden anrichten.

Das paßt dazu: Sauce Béarnaise (Rezepte Seite 88).

Filet Mignon bürgerlich

Zutaten für 4 Personen:
8 Filetsteaks zu je 100 g · 1 Eßl. Tomatenmark · 2 Eßl. Öl · Salz · Pfeffer · 4 Scheiben Weißbrot · 2 Scheiben Ananas

- Zubereitungszeit: 15 Minuten.
- Etwa 395 Kalorien (1655 Joule) pro Person.

Die Filetspitzen dünn mit Tomatenmark bestreichen. • Im heißen Öl von jeder Seite 2–3 Minuten braten. Salzen und pfeffern. • Auf gleich groß geschnittene Weißbrotscheiben legen, warm stellen. • Die Ananasscheiben halbieren, kurz im noch heißen Bratfett braten. • Auf den Filets Mignons anrichten. • Den Bratfond darübergießen.

Erinnern Sie sich

Filets Mignons werden aus der Filetspitze geschnitten und sind nur winzige Steakchen von 75 bis 100 Gramm. Daher gibt man pro Person meist 2 Filetsteaks. Um für 4 oder gar mehr Personen wirklich Steaks aus der Filetspitze zu bekommen, sollte man seinen Metzger rechtzeitig verständigen.

Ein Stück Vertrauenssache

Das Rumpsteak

In dem Fachbuch für Metzger »Fleisch wie es der Kunde wünscht« lesen wir: »Roastbeef, in etwa fingerdicke Scheiben geschnitten, ergibt sehr saftige Rumpsteaks.« Das mag deutscher Brauch sein, ist aber nicht ganz richtig, da es ja *rump* heißt und deshalb auch aus der Hüfte geschnitten werden sollte. Die authentischsten Rumpsteaks werden aus der Verlängerung des flachen Roastbeefs geschnitten. Sie sind um 15 Prozent preisgünstiger als die Filetsteaks und haben einen würzigeren Geschmack. Sie sind aber auch nicht ohne Probleme. Ich habe selten ein Rumpsteak gekauft, das wirklich zart war. Das hat zwei Gründe: Einmal den deutschen Schnitt. Das flache Roastbeef ist nicht dick genug. Zum anderen aber den Frischewahn der deutschen Hausfrau. Sie, die meist das Fleisch einkauft, will es frisch und knallrot. Ein gutes Rumpsteak aber muß abgehangen (möglichst drei Wochen) sein und sieht dann dunkelrot aus, mit einem leicht violett-samtigen Schimmer.

Weiß dagegen sollte sein Fettrand sein, etwa 1,5 Zentimeter dick. Ihn kerbt man in Abständen von 1 Zentimeter ein, damit sich das Rumpsteak beim Braten nicht verzieht und hochbiegt. Der Fettrand muß sich dabei zum klassischen Hahnenkamm spreizen. Ich bevorzuge ein Rumpsteak, das eher etwas über als unter 200 Gramm wiegt. Das ideale Gewicht liegt zwischen 200 und 300 Gramm.

Wir lassen das Fett auf keinen Fall abschneiden, da es für das Gelingen des Rumpsteaks wichtig ist und ihm Geschmack gibt. Man braucht es allerdings nicht mitzuessen.

Bei den Amerikanern wird es meist aus dem Top Sirloin geschnitten, die Franzosen nennen dieses Stück Rumsteck. Anmerkung für Metzger: Entspricht nach dem DLG-Schnitt in etwa dem caudalen (zum Schwanz hingelegenen) Teil des Roastbeefs und der Blume.

Rumpsteak mit üppiger Garnitur

Persönliches Vorwort: Ich esse Rumpsteak am liebsten nur mit einem riesigen Berg Knusperzwiebeln und Knoblauchbrot nach meinen Rezepten auf den Seiten 96 und 98.

Zutaten für 4 Personen:
4 große Zwiebeln · 4 große Tomaten · 1 Bund Petersilie · 400 g Pfifferlinge · 4 Rumpsteaks zu je 200 g · 3 Eßl. Öl · Pfeffer · Salz · 3 Eßl. Butter oder Margarine · 2 Eier

- Zubereitungszeit: 40 Minuten.
- Etwa 590 Kalorien (2470 Joule) pro Person.

Die Zwiebeln schälen und in dünne Ringe schneiden. • Die Tomaten kappen und aushöhlen. • Die Petersilie hacken. • Die Pilze putzen. • Den Fettrand der Rumpsteaks in Abständen von 3–4 cm mit einem scharfen Messer einschneiden, die Steaks leicht klopfen. • Das Öl in der Pfanne erhitzen und die Steaks etwa 6–8 Minuten darin braten, dazwischen einmal wenden. Pfeffern, salzen und auf eine vorgewärmte

Platte legen. • Zugleich in einer anderen Pfanne die ganzen Tomaten, die Pfifferlinge und die Petersilie in ²/₃ der Butter oder Margarine etwa 10 Minuten dünsten. • In dem heißen Öl der Steakpfanne die Zwiebelringe braun und knusprig braten. • Die Eier verquirlen und in der restlichen Butter oder Margarine zu Rührei stokken lassen. In die Tomaten füllen. • Die Rumpsteaks mit den Pilzen und den Tomaten garnieren. Die Zwiebeln darüberhäufen.

Das paßt dazu: Kartoffelpüree und ein helles Bier oder ein dunkles Guinness.

Rumpsteak Mirabeau

Bild Seite 54

Benannt nach Graf von Mirabeau († 1791), dem großen Mann der ersten Phase der Französischen Revolution. Erstaunlich, daß ein Revolutionär sich so für Essen interessierte. Oder wollte ihn nur ein revolutionärer Koch verewigen?

Zutaten für 4 Personen:
1 Teel. Öl • 4 Rumpsteaks zu je 200 g • 2 Eßl. Butter • Salz • Pfeffer • 2 Eßl. Öl • 8 Sardellenfilets • 16 Oliven • Estragonblätter

Eine Pfanne leicht ausölen. Die Rumpsteaks darin scharf braten, etwa 2 Minuten auf jeder Seite, die Butter erst zum Schluß in die Pfanne geben. • Die Steaks herausnehmen, warm stellen, salzen, pfeffern. • Während die Rumpsteaks braten, in zweiter Pfanne die der Länge nach geteilten Sardellenfilets und die geschnittenen Oliven im Öl erhitzen. • Die Rumpsteaks mit einigen Estragonblättchen belegen, darauf die abgetropften Sardellen und die Oliven anrichten.

- Zubereitungszeit: 20 Minuten.
- Etwa 500 Kalorien (2095 Joule) pro Person.

Das paßt dazu: Endiviensalat, Kartoffelpüree, ein Pils oder ein Beaujolais Villages.

Rumpsteak Florentiner Art

Sollten Sie keinen tiefgekühlten Blattspinat bekommen, bereiten Sie schnell selbst frischen Spinat zu, denn mit püriertem Spinat schmeckt zumindest mir dieses Steak nicht.

Zutaten für 4 Personen:
4 Rumpsteaks zu je 200 g • 3 Eßl. Butter • Pfeffer • Salz • 1 Dose Champignons (425 ml) • ¹/₂ Paket Kartoffelpüreepulver • 1 Eigelb • 1 Paket tiefgekühlter Blattspinat (300 g) • geriebene Muskatnuß

- Zubereitungszeit: 35 Minuten.
- Etwa 565 Kalorien (2365 Joule) pro Person.

Die Steaks flachdrücken und ringsum am Rand einschneiden, damit sie sich beim Braten nicht biegen, und in der heißen Butter auf beiden Seiten je 3 Minuten braten. • Herausnehmen, pfeffern und salzen. • Die Champignons klein schneiden. • Den Kartoffelbrei nicht ganz nach Vorschrift zubereiten, sondern etwas weniger Flüssigkeit nehmen, damit er fester wird. • Auf jedes Steak eine flache Kartoffelhaube spritzen, auf einen Rost legen, mit Eigelb bestreichen und im Backofen bei starker Oberhitze oder im Grill goldbraun werden lassen. • Inzwischen die Champignons in der Bratbutter und in einem anderen Topf den Spinat nach Anweisung erhitzen und mit geriebener Muskatnuß und Salz abschmecken. • Die Steaks mit dem Kartoffelhut mit reichlich Pilzen überhäufen und zum Spinat servieren.

Das paßt dazu: ein leichter Rotwein oder ein kräftiges Bier (Bock).

Steak Diana

Hier wird am Tisch gekocht, und das macht immer besonderen Spaß. Braten Sie jeweils nur 2 Steaks zusammen, dann dauert der Spaß länger.

Zutaten für 4 Personen:
4 Eßl. Butter · 8 Eßl. trockener Wermut · Worcestersauce · 4 Eßl. gehackter Schnittlauch · etwas Thymian · 4 dünne Rumpsteaks von 150–200 g · Salz · Pfeffer · 8 Eßl. Weinbrand

- Zubereitungszeit: 10 Minuten.
- Etwa 515 Kalorien (2155 Joule) pro Person.

Auf dem Rechaud in knallheißer Pfanne reichlich Butter zerlaufen lassen und in dem Augenblick, in dem sie braun werden will, den Wermut dazugeben. Umrühren oder mit der Pfanne durchschütteln und wieder zum Kochen bringen. • Mit einigen Tropfen Worcestersauce, nicht zuviel, nicht zuwenig, würzen, dann Schnittlauch und Thymian dazugeben und die Sauce weiter köcheln lassen. • Inzwischen die Steaks salzen und pfeffern. Wenn der Schnittlauch nicht mehr frisch aussieht und alles wieder kräftig kocht, die Steaks in die Pfanne geben. Sie brauchen nur 2 Minuten auf jeder Seite. • Den Weinbrand in einem Schöpflöffel etwas anwärmen, über die Steaks gießen und die Flamme vom Rechaud in die Pfanne schlagen lassen. Abbrennen lassen. • Die Steaks auf heiße Teller geben und die Sauce darübergießen.

Das paßt dazu: Weißbrot, reichlich grüner Salat und ein nicht zu wuchtiger Burgunder.

Rumpsteak mit grünem Pfeffer

Ein Rezept, das sich auch mit Lendenschnitten gut zubereiten läßt und dann preiswerter wird.

Zutaten für 4 Personen:
2 Eßl. grüne Pfefferkörner · 4 Rumpsteaks zu je 200 g · 2 Eßl. Öl · 2 Eßl. Butter · Salz · 4 Eßl. Armagnac · 1/8 l Sahne

- Zubereitungszeit: 25 Minuten.
- Etwa 610 Kalorien (2555 Joule) pro Person.

Die grünen Pfefferkörner fest in die Rumpsteaks drücken, damit sie gut im Fleisch haften bleiben. • Das Öl und die Butter erhitzen und die Rumpsteaks beidseitig scharf anbraten, dann nach Geschmack unter einmaligem Wenden 6–8 Minuten weiterbraten. Salzen. • Herausnehmen, warm stellen. • Das Bratfett abgießen, den heißen Bratfond mit dem Armagnac flambieren. • Wenn der Alkohol ausgebrannt ist, die Sahne einrühren, aufkochen lassen und rühren, bis die Sauce sämig wird. • Die Sauce über die Rumpsteaks verteilen.

Das paßt dazu: Kartoffelrosetten, aber auch Strohkartoffeln und Maiskolben (Rezepte Seite 94, 93 und 101).

Rumpsteak à la Holstein

Einst ließ sich der Geheimrat Friedrich von Holstein (1837–1909) im Restaurant Borchardt in Berlin nach seinen Anweisungen ein Kalbsschnitzel garnieren, das dann nach ihm benannt wurde. Da ich probiere und studiere, habe ich entdeckt, daß diese Garnitur auch zu Rumpsteak paßt und habe nun das Rumpsteak nach dem Erfinder benannt.

Das Rumpsteak

Zutaten für 1 Person:
2 Eßl. Butter • 1 Rumpsteak von 250 g • Salz • Pfeffer • 1–2 Eier • 2 Sardellenfilets • 4–8 Kapern • 1 Scheibe Toastbrot • 1 Scheibchen Räucherlachs • 1 Teel. russischer Kaviar

- Zubereitungszeit: 20 Minuten.
- Etwa 935 Kalorien (3915 Joule) pro Person.

Die Butter in einer Pfanne erhitzen. Das Rumpsteak in der heißen Butter von jeder Seite 3–5 Minuten braten, salzen, pfeffern, herausnehmen, warm stellen. • In der Bratbutter 1 oder 2 Spiegeleier braten. • Auf das Rumpsteak legen, die Sardellen kreuzweise über den Dotter legen (bei 2 Eiern die Sardellen der Länge nach halbieren), in jede Ecke 1 Kaper geben. • Das Toastbrot rösten, diagonal durchschneiden und eine Ecke mit Lachs, die andere mit Kaviar belegen. • Das Rumpsteak damit garnieren.

Das paßt dazu: entweder Rote-Bete-Apfel-Salat (Rezept Seite 100) oder Bratkartoffeln, Essiggurken und Perlzwiebeln.

Rumpsteak Puerto Rico

Zutaten für 4 Personen:
150 g gekochter Reis • 4 rote Paprikaschoten • 1 grüne Paprikaschote • 1 Banane • 4 Eßl. Öl • 4 Rumpsteaks zu je 200 g • 3 Eßl. Butter • 4 Ananasringe • Cayennepfeffer oder Tabasco

- Zubereitungszeit: 50 Minuten.
- Etwa 845 Kalorien (3535 Joule) pro Person.

Den Reis erhitzen. • Die Paprikaschoten der Länge nach halbieren, Seitenwände und Kerne entfernen. • Die grüne Schote und die Banane kleinwürfeln und die Würfel unter den heißen Reis ziehen. • Dieses Risotto in die roten Paprikahälften füllen und die gefüllten Schoten im Öl in etwa 20 Minuten fast weich schmoren. • Die Rumpsteaks mit Butter wie üblich braten, aus der Pfanne nehmen und warm stellen. • In die Bratpfanne die gut abgetrockneten Ananasringe geben und scharf anbraten. • Auf die Steaks legen. • Mit etwas Cayennepfeffer bestäuben oder mit Tabasco betropfen (Vorsicht, sehr scharf!). Je 1 belegtes Steak mit 2 gefüllten Schoten garnieren.

Das paßt dazu: ein bayerisches Bier, möglichst ein Märzen.

Ricketts Rumpsteak

Wieder einmal ein Rezept für den Ein-Personen-Haushalt, das sich aber bequem durch entsprechendes Vervielfachen der Marinade auch für Gäste zubereiten läßt.

Zutaten für 1 Person:
1 Eßl. Olivenöl • 2 Eßl. Rotwein • 1 Eßl. Tomatenketchup • 1 gestrichener Teel. Zucker • 1 Eßl. Weinessig • einige Tropfen Worcestersauce • Majoran • Rosmarin • Salz • Pfeffer • 1 Rumpsteak von 300 g • 2 Eßl. Butter oder Margarine • 6–8 ganze Champignons • 2 Tomaten • etwas klare Fleischsuppe

- Zubereitungszeit: 30 Minuten. Marinierzeit: 2 Stunden.
- Etwa 995 Kalorien (4165 Joule) pro Person.

Aus den angegebenen Zutaten von Olivenöl bis Pfeffer eine Marinade rühren. Das Rumpsteak damit übergießen und 2 Stunden marinieren lassen. • Das Fleisch herausnehmen, mit Küchenkrepp abtrocknen, in $^2/_3$ der Butter oder Margarine je nach Wunsch braten und warm stellen. • Die Champignons in der restlichen Butter dünsten. • Die Tomaten über Kreuz einschneiden, pfeffern und grillen. • In die Steakpfanne die Marinade geben, etwas Fleischsuppe zufügen, gut aufkochen lassen. Das Steak mit den Pilzen und den Tomaten garnieren und mit der Sauce übergießen.

Das paßt dazu: Salzkartoffeln und Zwiebel-Orangen- oder Rettichsalat (Rezepte Seite 100).

Rumpsteak mariniert

Zutaten für 4 Personen:
4 Rumpsteaks zu je 250–300 g · 16 Eßl. Olivenöl · 4 Knoblauchzehen · Saft von 2 Zitronen · 750 g frische Champignons · 3 Eßl. Butter oder Margarine · Salz · Pfeffer · 4 Tomaten · Basilikum

- Zubereitungszeit: 30 Minuten. Marinierzeit: 12 –24 Stunden.
- Etwa 760 Kalorien (3185 Joule) pro Person.

Die Steaks in eine Schüssel legen und mit dem Öl bedecken. • Die Knoblauchzehen hacken und dazugeben, ebenso den Zitronensaft. • Die Schüssel mit einer Folie verschließen und die Steaks zwischen 12 und 24 Stunden in der Marinade lassen. Zweimal wenden, eventuell aufgesogenes Öl ergänzen. • Die Champignons kleinschneiden, in Butter oder Margarine dünsten und leicht salzen und pfeffern. • Die Steaks aus der Marinade nehmen, leicht abtupfen und im Grill oder auf der Pfanne ohne weitere Fettzugabe in der üblichen Weise braten, so daß sie innen rosig bleiben. Salzen und pfeffern. • Die Tomaten in dicke Scheiben schneiden und mit Basilikum würzen. Die Steaks mit den Pilzen und den gewürzten Tomaten garnieren. • Das Marinadeöl für die nächsten Steaks weiterverwenden!

Das paßt dazu: Maiskolben in Alufolie (Rezept Seite 101) und ein herber Rotwein.

Gefüllte Rumpsteaks

Brauche ich eine große Anzahl dieser Rumpsteaks für eine Sommerparty, so fülle ich sie am Tag vorher und massiere sie gleich mit etwas Öl ein. Anderentags kommen sie vom Kühlschrank direkt auf den heißen Grill.

Zutaten für 4 Personen:
4 Zwiebeln · Salz · Pfeffer · 1 Prise Majoran · 3 Eßl. Margarine · 4 dicke Rumpsteaks zu

Sie denken daran

Rumpsteak muß gut abgelagert sein, einen schneeweißen Fettrand haben, 2–3 Zentimeter dick sein und 200–300 Gramm wiegen.
Der Fettrand muß in Abständen von 1 Zentimeter eingeschnitten werden, damit sich das Steak beim Braten oder Grillen nicht wölbt und verzieht, sondern sich spreizt wie ein Hahnenkamm.

je 200 g · 2 Eßl. Öl · 1 grüne Paprikaschote · 1 rote Paprikaschote · 1 Knoblauchzehe

- Zubereitungszeit: 50 Minuten.
- Etwa 565 Kalorien (2365 Joule) pro Person.

Die Zwiebeln feinhacken, in der Margarine bei sanfter Hitze glasig und weich werden, aber nicht bräunen lassen. Kräftig würzen. Mit dem Seihlöffel herausnehmen, erkalten lassen. • In die Rumpsteaks eine Tasche mit möglichst kleinem Einschnitt schneiden, mit dem Zwiebelmus füllen. Den Einschnitt zunähen oder mit Spießchen zustecken. • Dem Zwiebel-Bratfett das Öl zugeben, erhitzen und die Rumpsteaks scharf anbraten, dann auf beiden Seiten mindestens je 4 Minuten weiterbraten. Herausnehmen, warm stellen. • Die Paprikaschoten entkernen, vierteln. • Den Knoblauch in das Bratfett pressen, verrühren. Die Paprikastreifen kurz darin bei starker Hitze anbräunen. Auf den Rumpsteaks anrichten.

Das paßt dazu: Kartoffelgratin und Brunnenkressesalat (Rezepte Seite 95 und 98).

Beefsteak à la Nelson

Spartanisch und daher eines Seefahrers würdig! Ich mag es bei großem Hunger zur Winterszeit ganz besonders gerne.

Zutaten für 1 Person:
250 g Kartoffeln · 2 Eßl. Margarine · 2 dünne Lendenschnitten (Rumpsteaks) von zusammen 200 g · Salz · 1/8 l Bratensauce (Tube)

- Zubereitungszeit: 35 Minuten.
- Etwa 550 Kalorien (2300 Joule).

Die Kartoffeln schälen, in Stifte schneiden und mit kochendem Wasser überbrühen, nach 5 Minuten abgießen. • Die Kartoffelstifte in eine dick mit Margarine ausgefettete Form geben. Die beiden Lendenschnitten salzen, darauflegen. Mit der Bratensauce angießen und gut 4 Minuten kräftig anschmoren. • Das Feuer kleiner drehen und noch 15 Minuten dünsten.

Das paßt dazu: Spiegeleier und würziger Salat.

Rostbraten Esterházy

Wann dieser österreichische Steakvetter seinen Namen nach dem bekannten ungarischen Magnatengeschlecht erhielt, weiß ich nicht. Ich fand das gleiche Rezept allerdings in einem älteren süddeutschen Kochbuch schlicht unter der Bezeichnung »Rostbraten mit Sardellen«.

Zutaten für 4 Personen:
4 Rumpsteaks zu je 150–200 g · Salz · Pfeffer · Aromat · 4 Sardellen · 2 Streifen Zitronenschale · 20 g geräucherter Speck · 2 Zwiebeln · 1 Möhre · 1 Stück Sellerie · 1 Petersilienwurzel · 2 Eßl. Öl · 1 Lorbeerblatt · 3/8 l klare Fleischsuppe · 1 gestrichener Eßl. Mondamin · 2 Eßl. Sahne · 1 Eßl. Kapern · 1 Prise Zucker

- Zubereitungszeit: 45 Minuten.
- Etwa 420 Kalorien (1755 Joule) pro Person.

Die Rumpsteaks gut klopfen oder gut geklopft kaufen (keine Regel ohne Ausnahme) und mit Salz, Pfeffer und Aromat würzen. • Die Sardellen hacken, die Zitronenschale feinnudelig schneiden. • Den Speck kleinwürfeln. • Die Steaks mit der Zitronenschale, den Sardellen und den Speckwürfeln belegen, zusammenrollen und mit Holzstäbchen zustecken. • Die Zwiebeln feinwürfeln. die Möhre in Stifte schneiden, den Sellerie würfeln und die Petersilienwurzel kleinschneiden. • In einer Kasserolle das Öl heiß werden lassen, die Esterházys darin von allen Seiten braun anbraten. • Die Gemüse und das Lorbeerblatt dazugeben. Mit der heißen Fleischsuppe aufgießen und 20 Minuten schmoren lassen. • Das Fleisch herausnehmen und warm stellen. • Das Mondamin mit der Sahne anrühren und den Bratfond damit binden. Die Kapern hineingeben, mit Zucker und eventuell noch Salz abschmecken. • Die Rostbraten in der Sauce anrichten.

Das paßt dazu: Semmelknödel oder Kartoffelkroketten (Rezept Seite 95), gedünstete Pfifferlinge oder Salat. Als Wein empfehle ich einen Kalterer See, einen Casteller aus dem Trentino oder einen Sankt Magdalener.

Rumpsteak Calabresa

Zum Abschluß noch eine weitere Form von gerollten Rumpsteaks, die sich auch gut mit geklopften Lendenschnitten machen läßt und sich blendend für die Zubereitung auf dem Hibachi (japanischer Tisch-Holzkohlengrill) eignet.

Zutaten für 4 Personen:
4 Rumpsteaks zu je 150–200 g · 2 Teel. scharfer Senf · 4 dünne Scheiben gekochter Schinken · 1 Mozzarella Pizzaiola · 4 Scheiben Schweinebauch zu je 30 g · 8 Scheibchen Salami

- Zubereitungszeit: 25 Minuten.
- Etwa 570 Kalorien (2385 Joule) pro Person.

Die Rumpsteaks am Fettrand tief einschneiden, dann mit dem Handballen möglichst flach klopfen. • Mit dem Senf bestreichen, mit je 1 Scheibe Schinken und 1 Scheibe Mozzarella belegen. Aufrollen, mit Holzstäbchen zustecken. • Die Schweinebauchscheiben mit je 2 Scheibchen Salami belegen, zusammenfalten und feststecken. • Beide Fleischsorten unter mehrmaligem Wenden auf dem Hibachi goldbraun rösten. Das dauert etwa 10 Minuten.

Das paßt dazu: Knoblauchbrot (Rezept Seite 98) und italienischer Landwein.

Der Klassiker für das Essen zu zweit

Das Entrecote

Entrecote, auch Zwischenrippe oder Mittelrippenstück genannt, entspricht dem Chateaubriand des Filets, wird aber aus der Mitte des flachen Roastbeefs mit einem Gewicht von 400 Gramm und einer Dicke von 4 bis 6 Zentimetern geschnitten. Die kräftige Sehne in der oberen Schicht muß durchschnitten werden, sonst biegt sich das Entrecote beim Braten.

In der klassischen Küche gibt es eine Vielzahl Garnituren zum Entrecote, die teilweise mit den Tournedos-Garnituren identisch sind. In Richard Hering's »Lexikon der Küche« wird ausdrücklich darauf hingewiesen, daß die Tournedos-Garnituren anwendbar sind. Unter dem Stichwort »Zwischenrippe« führt er 49 verschiedene Entrecote-Garnituren auf. Das Entrecote double auf den Speisekarten entspricht dem, was man unter Entrecote versteht: ein Gewicht von 400 Gramm, gedacht für 2 Personen. Das einfache Entrecote oder Entrecote simple ist eine 180 bis 200 Gramm schwere Scheibe Roastbeef, sozusagen ein falsch geschnittenes Rumpsteak und keineswegs empfehlenswert, da selten saftig gebraten. Das Entrecote triple von 600 Gramm Gewicht wird in der Gastronomie Entrecote Château genannt.

In den USA entspricht unserem Entrecote der obere Teil des T-Bone Steaks oder auch noch das davorliegende Club Steak, das vom Knochen gelöst wurde (und keinen Filetanteil mehr hat). Es wird in den Staaten auch unter dem Namen Delmonico Steak angeboten. Der Name stammt vom berühmten Steaklokal in New York. Allerdings haben Club Steak und Delmonico eine wesentlich dickere Fettkante als unser Entrecote. Beim Servieren schneidet man es, nach 3 Minuten Ruhepause, in schräge Scheiben (siehe Abbildung Seite 23).

Entrecote bordelaise

Hier die wesentlich vereinfachte Form des Originalrezepts, das wir in der Abteilung Rumpsteak finden. Mir hat es ein französischer Schauspieler erzählt, es reicht für 3 Personen, ist aber auch für 2 nicht zuviel.

Zutaten für 2 Personen:
3 Schalotten · 4 Eßl. Butter · ⅛ l Rotwein, am besten leichter Bordeaux · 1 Entrecote von 400 g · Salz · Pfeffer · 3 dicke Scheiben blanchiertes Rindermark

- Zubereitungszeit: 20 Minuten.
- Etwa 725 Kalorien (3035 Joule) pro Person.

Die Schalotten feinhacken und in der Hälfte der Butter leicht golden anlaufen lassen, den Wein dazugießen und so lange köcheln, bis der Wein zur Hälfte eingekocht ist. • In dieser Zeit das Entrecote wie gewünscht in der restlichen Butter rot oder rosig braten und dann in der warmen, aber nicht mehr beheizten Pfanne noch 5 Minuten stehen lassen. • Das Rotwein-Zwiebel-Gemisch mit Salz und Pfeffer abschmecken. • Das Entrecote schneiden, bitte schräg, und jetzt die

Sauce darübergießen, damit sie sich mit dem Saft des Fleisches mischen kann. • Die Markscheiben als köstliche Garnitur dazulegen.

Das paßt dazu: französisches Weißbrot in dicken Scheiben und feine, in Butter geschwenkte Erbschen, mit ein wenig Minze gewürzt. Als Wein den gleichen wie der zur Sauce verwendete.

Pariser Entrecote

Ich möchte gerade bei diesem großen Entrecote wieder einmal daran erinnern, daß das fertige Fleisch immer einige Minuten ruhen muß, da es sonst beim Aufschneiden zuviel Saft verliert.

Zutaten für 2–3 Personen:
1 Entrecote von 600 g • 1 Eßl. Öl • 100 g Sardellenbutter (Rezept Seite) • Salz • Pfeffer

• Zubereitungszeit: 20 Minuten.
• Etwa 670/445 Kalorien (2805/1865 Joule) pro Person.

Das Entrecote rundum mit dem Öl einmassieren. • Im vorgeheizten Grill nach Geschmack grillen. • Inzwischen die Sardellenbutter in Entrecotegröße dick auf die Servierplatte streichen. • Das Entrecote aus dem Grill nehmen, salzen, pfeffern, ruhen lassen, aufschneiden und auf die Sardellenbutter legen, mit dem eventuell ausgetretenen Fleischsaft begießen. • Sofort auftragen.

Das paßt dazu: Brunnenkresse- und/oder Champignonsalat (Rezepte Seite 98 und 99).

Entrecote südfranzösische Art

Zutaten für 4 Personen:
3 Eßl. Rindermark • 2 Schalotten • 1 Bund Petersilie • 2 Entrecotes zu je 400 g • 1 Eßl. Öl • Salz • Pfeffer • etwas Zitronensaft

• Zubereitungszeit: 35 Minuten.
• Etwa 370 Kalorien (1550 Joule) pro Person.

Das Rindermark aus dem Knochen lösen und in einem kleinen Topf auf schwacher Flamme zum Schmelzen bringen. • Die beiden Schalotten und die Petersilie feinhacken, dazugeben und knapp 10 Minuten sanft köcheln lassen. • Die beiden Entrecotes mit Öl bestreichen und auf einer Seite bei starker Hitze etwa 4 Minuten grillen. Dann diese Seite mit dem Markgemisch bestreichen und die andere Seite etwa 8 Minuten grillen. • Die Entrecotes salzen, pfeffern, mit Zitronensaft beträufeln und servieren.

Das paßt dazu: Pommes frites und Salat, der unbedingt mit Knoblauch abgeschmeckt sein sollte. Ein Rhonewein ist besonders passend, ein Burgunder geht auf jeden Fall.

Flandrisches Grillsteak
Bild Seite 71

Den Anstoß für dieses Rezept fand ich in einem alten Kochbuch. Ich aß dieses Grillsteak in der Schweiz vor einem Kamin voll glühender Holzkohle mit dickem weißem Aschenüberzug.

Zutaten für 2 Personen:
1 Entrecote von 400 g. • 2 Eßl. getrockneter Rosmarin • 2 Teel. Öl

- Zubereitungszeit: 30 Minuten.
- Etwa 280 Kalorien (1170 Joule) pro Person.

Das Entrecote nicht salzen, sondern nur mit reichlich Rosmarin einreiben. Dazu den stacheligen Rosmarin im Küchenmörser zerkleinern und mit dem Handballen in das Fleisch einmassieren. • Den Grillrost ölen, das Entrecote darauflegen und dicht über der Asche auf jeder Seite etwa 7 Minuten grillen. • Der Rosmarin verbrennt knisternd, und sein Aroma dringt in das Fleisch ein. • Vor dem Servieren den überschüssigen Rosmarin abkratzen.

Variante für Nicht-Grillbesitzer: Spicken Sie ein Entrecote einfach mit den getrockneten Rosmarinnadeln und braten Sie es auf die gewohnte Weise. Ich finde, Rosmarin ist eines der köstlichsten Steakgewürze.

Das paßt dazu: Weißbrot und ein kühler Beaujolais nouveau.

Entrecote mit Aioli

Nichts für Knoblauchfeinde, für alle anderen und auch für mich eine wahre Wonne.

Zutaten für 3 Personen:
2 Eigelbe • 1 Teel. Senf • Salz • Cayennepfeffer • 4 Eßl. Essig • 1/4 l Öl • 2 Knoblauchzehen • 1 Entrecote von 400–600 g • 1 Eßl. Öl • Pfeffer

- Zubereitungszeit: 40 Minuten.
- Etwa 1000–1100 Kalorien (4185–4605 Joule) pro Person.

Die Eigelbe mit dem Senf, Salz, Cayennepfeffer und dem Essig mit dem Handmixer schaumig schlagen. Dann auf niedrigste Geschwindigkeitsstufe umschalten und tropfenweise das Öl dazugeben. Rühren, bis eine dicke Mayonnaiseart entsteht. Zum Schluß den Knoblauch daranpressen. • Das Entrecote mit Öl einmassieren und nach Geschmack im Grill braten, salzen und pfeffern. • Auf vorgewärmter Platte überzogen mit der Aiolisauce anrichten.

Variante: Wer Knoblauch liebt, preßt 5 Zehen daran und verwendet nur 1 Eigelb für die Aiolisauce.

Das paßt dazu: Spargel und Kartoffelkroketten oder Landbrotscheiben (Rezepte Seite 95 und 98).

Entrecote Weinhändler

Die würzige Butter gibt bei dieser Zubereitung den Ausschlag und erfordert daher einige Sorgfalt.

Zutaten für 2 Personen:
2 Schalotten oder 1 kleine Zwiebel • 1/4 l Rotwein • 4 Eßl. Butter • 1 Messerspitze Fleischextrakt • Pfeffer • 1 Messerspitze gemahlener getrockneter Rosmarin • 1 Entrecote von 400 g • 1 Eßl. gehackte Petersilie • 2 Eßl. Zitronensaft

- Zubereitungszeit: 25 Minuten.
- Etwa 590 Kalorien (2470 Joule) pro Person.

Die Schalotten oder die Zwiebel hacken und im Rotwein sanft kochen, bis sie weich sind und alle Flüssigkeit verdampft ist. Erkalten lassen. • Die Butter schaumig rühren, dazugeben und mit Fleischextrakt, Pfeffer und Rosmarin würzen, nicht salzen. • Das Entrecote mit der gewürzten Butter einreiben und von beiden Seiten je 4 Minuten grillen. • Beim Anrichten den Zitronensaft und die Petersilie daraufgeben.

Das paßt dazu: derselbe Wein, den man für die Butter verwendet hat, und das sollte ein guter sein, wie etwa ein Fleurie oder ein Chianti Classico.

Entrecote fromage

In der Vorbereitung fast ein französischer Vetter des Schweizer Entrecote mit dem russischen Namen Dimitri, geschmacklich aber nur insoweit, als beide eine pikante Schärfe haben.

Zutaten für 4–6 Personen:
1 Entrecote von 600 g · 125 g Roquefort · 2–3 Eßl. Cognac · 1 Eßl. Öl · 2 Eßl. Butter

• Zubereitungszeit: 15 Minuten. Grillzeit: 25 bis 30 Minuten.
• Etwa 410/275 Kalorien (1720/1150 Joule) pro Person.

Das Fleischstück mit einem scharfen Messer rechts und links schräg von oben mehrmals einschneiden. • Den Roquefort mit dem Cognac zu einer Paste rühren. Diese in die Fleischtaschen füllen und das Entrecote durch Andrücken der Taschenöffnungen wieder glattstreichen. • Mit ungeleimter Schnur oder Zwirn fest umwickeln. • Am Spieß über Holzkohlenglut 25–30 Minuten oder auf dem Rost im auf 200 Grad vorgeheizten Backofen 30 Minuten grillen, dabei öfter mit flüssiger Butter bestreichen.

Das paßt dazu: reichlich frische Butter, Folienkartoffeln und Chicorée-Orangen- oder Champignonsalat (Rezept Seite 99).

Entrecote Dimitri

Diese Steakart aß ich in der Silver-Ranch in Zürich, der Inhaber und Küchenchef, Herr Plüss, beschrieb mir das Rezept so:

Zutaten für 2 Personen:
1 Entrecote von 400 g · englischer Senf (Colmans) · Salz · Pfeffer · 3 Schalotten · 1 Bund Petersilie · 3 Eßl. Butter · Worcestersauce · 2–3 Eßl. Whisky

• Zubereitungszeit: 25 Minuten.
• Etwa 500 Kalorien (2095 Joule) pro Person.

Das Entrecote auf beiden Seiten mit einem scharfen Messer über Kreuz einschneiden und in diese Rillen den Senf hineinreiben. Mit Salz und Pfeffer würzen. • Die Schalotten und die Petersilie feinhacken, ebenfalls in das Fleisch einmassieren. • In der Pfanne die Butter braun werden lassen, das Entrecote bei nicht zu großer Hitze auf beiden Seiten braten, zusammen etwa 7 Minuten. • Dann von beiden Seiten vorsichtig mit Worcestersauce bespritzen und das Entrecote in der Pfanne auf die Seite schieben. • Den Whisky in einem Löffel anzünden und auf die freie Seite in der Pfanne gießen. Der Whisky soll nicht direkt mit dem Fleisch in Berührung kommen. • Bratfond und Whisky zu einer Sauce rühren und sofort servieren.

Das paßt dazu: trocken gekochter Reis oder Pommes frites (Rezept Seite 92) oder Spätzle. Ein herbes, süffiges Pils dazu trinken.

Die großen Vettern aus Amerika

T-Bone, Porterhouse, Sirloin und Round Steak

In den USA ist das T-Bone Steak, das seinen Namen nach dem T-förmigen Knochen trägt, das Lieblingssteak. Bei uns wurde es durch die Steakhäuser eingeführt. Es wird aus dem Roastbeef (= Lende, short loin, l'aloyau raccourci) in Richtung Rippen geschnitten. Wie man T-Bones richtig brät, sah ich bei Mary Corbett in Hudson, Wyoming. Sie brät seit 15 Jahren in dem Lokal »Svilars« täglich 90 T-Bone Steaks zu je 750 Gramm. Sie brät sie auf einer großen, mit Gas beheizten Eisenplatte. Jedes Steak braucht 20 Minuten, wenn es medium und 14 Minuten, wenn es rare sein soll. Das T-Bone soll gut durchwachsen sein, seine Fettschicht ist etwas dicker als beim Porterhouse Steak. Dies ist sein Nachbar Richtung Keule: eine Scheibe Roastbeef mit Knochen und Filet. Seinen Namen bekam es von einem New Yorker Bierhaus, in dem es Porter statt Ale gab, so sagen die Amerikaner. Die Engländer behaupten, daß es diesen Steaktyp schon seit 1800 bei Simpson's-in-the-Strand, London, gibt. Das Sirloin Steak ist wiederum der Nachbar des Porterhouse zur Keule hin. Es ist magerer, aber auch größer. Ein Porterhouse kann bis zu 1 Kilo wiegen, das Sirloin, das keinen Filetanteil mehr hat, bis zu 2 Kilo. Man sollte es 4 bis 6 Zentimeter dick schneiden, weil es sonst austrocknet. Geschnitten wird es nach unseren Fleischbezeichnungen aus Roastbeef und Hüftdeckel. Sirloin Steaks sind die unmenschlichen Fleischdeckel, denen man bei US-Barbecues nicht entgehen kann.

Noch größer kann das Round Steak sein, eine Scheibe Ochsenschinken, den man an dem quergeschnittenen Röhrenknochen erkennt. Es ist nur gut, wenn das Fleisch erstklassig ist und lange genug abgehangen wurde. Da sein Schnitt durch drei Muskeln geht (Oberschale, Unterschale und Schwanzrolle), gibt es Probleme beim Braten oder Grillen, da diese Muskeln zu verschiedener Zeit weich werden. Deshalb verwendet man das Round Steak auch gerne unterteilt in • Top Round • Bottom Round und • Eye of Round. Es sind preiswerte Steaks.

Bistecca alla fiorentina

Zu dieser Florentiner Spezialität braucht man ein 600–800 g schweres Steak eines 1½-jährigen Chianina-Bullen mit Knochen und anhängendem Filet. Der italienische Schnitt heißt Bistecca di lombo, wir nehmen stattdessen ein T-Bone oder ein Porterhouse Steak dazu.

Zutaten für 3 Personen:
1 T-Bone oder Porterhouse Steak von 700 g und 2½ cm Dicke • Salz • Pfeffer • 1 Zitrone • evtl. ein paar Tropfen Olio extra vergine

- Zubereitungszeit: 10 Minuten.
- Etwa 350 Kalorien (1465 Joule) pro Person.

Das ungefettete Steak bei Tisch auf der starken Glut eines Tischgrills (Hibachi) von jeder Seite 4 Minuten grillen • Beim Umdrehen salzen und pfeffern • Einige Minuten ruhen lassen, aufschneiden und mit reichlich Zitronenachteln zur Selbstbedienung servieren.

Anmerkung: Wichtig ist, daß das Steak vor dem Grillen nicht mit Fett in Berührung kommt und daß es außen dunkel und innen noch blutig ist. Nach dem Grillen kann man es mit einigen Tropfen Olio extra vergine beträufeln.

Das paßt dazu: Risotto und Brunnenkressesalat (Rezept Seite 98). Oder Folienkartoffeln (Rezept Seite 94) mit saurer Sahne.

Porterhouse Steak Sylt

Da frische Austern nicht gerade billig sind, habe ich die aus den USA importierte Steakzubereitung mit großen Miesmuscheln gemacht und denke nun dabei nicht mehr an Maryland sondern an Sylt.

Zutaten für 4 Personen:
1 Porterhouse oder T-Bone Steak von 1 kg und 3,5 cm Dicke • 4 Eßl. Öl • 12 große Miesmuscheln • ⅛ l Weißwein • 3 Eßl. Zitronensaft • 3 Eßl. Butter • 2 gestrichene Teel. Salz • ½ Tasse kochendes Wasser • gehackte Petersilie

- Zubereitungszeit: 45 Minuten.
- Etwa 590 Kalorien (2470 Joule) pro Person.

Das Steak ölen und in einer schweren Pfanne mit Öl auf beiden Seiten je 5 Minuten scharf anbraten. • Die Miesmuscheln im Weißwein sanft köcheln, bis sie sich öffnen. Das Muschelfleisch herausnehmen. • Das Steak in eine flache Kasserolle legen, die Muscheln mit etwas Sud darübergießen. • Den Zitronensaft, die Butter und das Salz in ½ Tasse kochendes Wasser rühren und diese Mischung ebenfalls über das Steak geben. Den Ofen auf 200 Grad vorheizen, die Kasserolle einschieben und das Ganze 15 Minuten braten lassen. Das Steak mit gehackter Petersilie bestreuen und in 4 Portionen schneiden. Die Sauce gerecht verteilen.

Variante »Mallorca«: Das Porterhouse Steak mit eingelegten spanischen Pfahlmuscheln von Aquila füllen und etwas von der Marinade mit an die Sauce geben.

Das paßt dazu: Hirten-Kartoffeln (Rezept Seite 94) und ein herber Weißwein, zum Beispiel ein Chablis, oder ein Pils.

Porterhouse Steak mit Zwiebeln

Ein typisch englisches Gericht für 3 Personen mit großem, für Personen mit mittlerem Hunger. Üben Sie diesmal keinerlei Gewürzphantasie, Fleischsaft und Zwiebelsauce sollen sich mischen und durch kein fremdes Aroma gestört werden. Ich bereite dieses Gericht auch sehr gerne mit einem T-Bone Steak zu.

Zutaten für 2–3 Personen:
6 Zwiebeln · 3 Eßl. Öl · Salz · Pfeffer · 1 Porterhouse Steak von 750 g und 3–4 cm Dicke · 4 Eßl. Butter oder Öl zum Braten · 1 Eßl. Mehl · 1/4 l klare Fleischsuppe · Zuckercouleur

- Zubereitungszeit: 45 Minuten.
- Etwa 995/665 Kalorien (4165/2775 Joule) pro Person.

Die Zwiebeln schälen und in Ringe schneiden. • Das Öl in einer Kasserolle erhitzen und die Zwiebelringe in das heiße Öl geben, salzen, pfeffern und den Deckel darauflegen. Die Flamme kleindrehen und die Zwiebeln weichschmoren, dann ohne Deckel bräunen. Warm stellen. • Das Steak vorbereiten – wer sichergehen will, entfernt den Knochen – und wie gelernt mit 3 Eßlöffeln Butter oder Öl etwa 14–20 Minuten braten. • Auf eine vorgewärmte Schüssel legen und mit den heißen Zwiebeln bedecken. • Zum Bratfond 1 Eßlöffel Butter oder Öl geben, das Mehl hineinrühren und mit der Brühe langsam aufgießen. Diese Sauce mit Zuckercouleur schön dunkel färben und über die Zwiebeln auf dem Steak gießen.

Das paßt dazu: Petersilienkartoffeln und ein Beaujolais Villages gehören dazu.

Porterhouse Steak Simpson's

So wird dieses Steak seit vielen Jahrzehnten im Old English Eating House Simpson's-in-the-Strand in London serviert, und Sherlock Holmes hat es dort mit Doktor Watson gegessen. So englisch ist dieses Rezept.

Zutaten für 2 Personen:
1 Porterhouse Steak von 750 g und etwa 4 cm Dicke · Öl · Worcestersauce

- Zubereitungszeit: 25 Minuten.
- Etwa 640 Kalorien (2670 Joule) pro Person.

Das Steak mit Öl einmassieren und von beiden Seiten nach Geschmack grillen. Die Flasche Worcestersauce wird dazugestellt.

Das paßt dazu: Strohkartoffeln (Rezept Seite 93) und frische Brunnenkresse. Halbflüssige Kräuterbutter Haushofmeister (Rezept Seite 86) gibt dem Gericht den letzten Pfiff. Dazu dürfen wir natürlich nur ein Guinness trinken.

Porterhouse Steak Mark Twain

Bild Seite 72

Das ist ein ganz normales Porterhouse- oder sonstiges Steakrezept, nur die Zusammenstellung mit den Pilzen in Sahnesauce war das Lieblingsessen von Mark Twain.

Zutaten für 2–3 Personen:
500 g Steinpilze oder Champignons · 1 Porterhouse Steak von 750 g und 3–4 cm Dicke · 1 Eßl. Öl · 2 Eßl. Butter oder Margarine · Salz · 1/8 l Crème fraîche (siehe Kasten Seite 38) · gehackte Petersilie · grobgemahlener Pfeffer · 1/2 Zitrone

Mit Rosmarin gewürzt und über heißer Asche gebraten ▷
wird das Flandrische Grillsteak. Rezept Seite 64.

• Zubereitungszeit: 30 Minuten.
• Etwa 1000/670 Kalorien (4185/2805 Joule) pro Person.

Die Steinpilze oder Champignons putzen und in Scheibchen schneiden. • Das Porterhouse Steak mit Öl einmassieren. Das Fett einschneiden, damit sich das Steak beim Grillen nicht wölbt, und dann das Steak wie gelernt auf dem Grill saignant braten. • In der Zwischenzeit die Pilze in Butter anbraten und gardünsten, leicht salzen, (Steinpilze ein wenig pfeffern, Champignons nicht), mit der Crème fraîche angießen, gut durchrühren, nochmals erhitzen, aber nicht mehr kochen, und reichlich gehackte Petersilie darübergeben. • Die Zitrone in feine Scheiben schneiden. Das fertige Steak mit Salz und grob gemahlenem Pfeffer würzen und mit den Zitronenscheiben garnieren. • Die Sauce getrennt servieren.

Das paßt dazu: Salzkartoffeln und ein bayerisches Weizenbier mit Zitronenscheibe.

Gebackenes Porterhouse

Dieses Porterhouse Steak wird in einem Bräter gebraten und schmeckt mir mit einem oder mehr Guinness ganz besonders köstlich.

Zutaten für 4 Personen:
3 Eßl. Öl • 3 Eßl. Tomatenketchup • 1 Eßl. Worcestersauce • 1 Porterhouse Steak von 800 g und 4 cm Dicke • 1 Teel. Edelsüßpaprika • 1 Zitrone • 1 Dose Mischpilze (425 ml) • 2 Eßl. gehackte Petersilie • 1 Eßl. Butter oder Margarine

• Zubereitungszeit: 55 Minuten. Marinierzeit: 2 Stunden.
• Etwa 445 Kalorien (1860 Joule) pro Person.

Aus dem Öl, dem Ketchup und der Worcestersauce eine Marinade rühren und über das Porterhouse Steak gießen. Unter mehrmaligem Wenden mindestens 2 Stunden marinieren lassen. • Mit der Marinade in einen Bräter geben, mit dem Edelsüßpaprika bestäuben. • Die Zitrone in hauchdünne Scheiben schneiden, das Steak damit bedecken. • Im auf 200 Grad vorgeheizten Backofen 45 Minuten braten. • Die Pilze in der heißen Butter schwenken, die Petersilie dazugeben und leicht salzen. • Über das fertige Porterhouse Steak häufen.

Das paßt dazu: Yorkshire Pudding 1977 und Rote-Bete-Apfel-Salat (Rezepte Seite 102 und 100).

Pfeffersteak mit Sauce flambée

Das Riesensteak habe ich auch schon mit normalem schwarzem grobgemahlenem Pfeffer zubereitet, und das schmeckt wunderbar. Doch der Lemon Pepper gibt dem Steak erst das gewisse Etwas.

Zutaten für 6 Personen:
1 Sirloin Steak von 1,2 kg und 3 cm Dicke ohne Knochen (Flat Bone Sirloin Steak) • 3 Eßl. grobgemahlener Lemon Pepper • 2 Rohrzwiebeln oder 1 kleine Stange Lauch und 1 kleine Zwiebel • 4 Eßl. Butter oder Margarine • 1 Eßl. Öl • 8 Eßl. Kalbsjus (Rezept Seite 91) oder klare Fleischsuppe • 5 Eßl. Cognac

• Zubereitungszeit: 40 Minuten. Ruhezeit: 2 Stunden.
• Etwa 435 Kalorien (1820 Joule) pro Person.

Das Steak etwas zusammenbinden, damit es nicht auseinanderfällt. Beidseitig mit dem grobgemahlenen Lemon Pepper einreiben, dabei den Pfeffer

◁ Ein kräftiges Steak für den großen Appetit ist das Porterhouse Steak Mark Twain. Rezept Seite 69.

mit der flachen Messerklinge in das Fleisch drükken. 2 Stunden zugedeckt ruhen lassen. • Die Rohrzwiebeln oder Lauch und Zwiebel feinhakken. • 1 Eßlöffel Butter und das Öl erhitzen, das Steak auf jeder Seite in 4 Minuten rare oder je 8 Minuten medium braten. Herausnehmen, salzen, warm stellen. • 1 weiteren Eßlöffel Butter in die Pfanne geben, die Zwiebeln dazugeben und glasig werden lassen. • Die Kalbsjus oder die Fleischsuppe einrühren und kurz und kräftig kochen lassen. • Zum Flambieren den Cognac in einem Schöpflöffel leicht erwärmen, über die Zwiebeln geben, anzünden und ausbrennen lassen. • Vom Herd nehmen und schnell die restliche Butter in Stückchen nacheinander darunterrühren. • Das Steak mit dieser Sauce übergießen.

Das paßt dazu: Warschauer Bratkartoffeln oder Pommes de terre Anna (Rezepte Seite 96 und 95).

Estragonsteak mit Wein

Noch mehr als bei den Filetsteaks kommt es gerade bei den großen Steaks auf die richtige Dicke des Fleisches an.

Zutaten für 6–8 Personen:
2 Eßl. getrockneter Estragon · 1 Sirloin Steak von 1,5 kg und 5 cm Dicke · 1 Teel. Salz · 4 Eßl. Butter oder Margarine · 4 Eßl. Öl · ⅛ l Weißwein · 4 Eßl. Weinbrand

• Zubereitungszeit: 30 Minuten. Marinierzeit: 30 Minuten.
• Etwa 550/415 Kalorien (2300/1735 Joule) pro Person.

Den Estragon fein zerreiben und das Sirloin Steak kräftig damit einmassieren. Den Estragon andrücken, das Steak 30 Minuten stehen lassen, dann salzen. • Die Butter oder die Margarine mit dem Öl zusammen erhitzen, das Steak von beiden Seiten scharf anbraten, dann auf jeder Seite 8 Minuten mehr schmoren als braten lassen. Herausnehmen, warm stellen. • Den Weißwein in das Bratfett gießen, stark erhitzen. • Den Weinbrand seitlich angießen und sofort anzünden. Unter Schwenken der Pfanne ausbrennen lassen. • Das Sirloin Steak mit dieser Sauce übergießen.

Das paßt dazu: Zwiebel-Orangen-Salat und Hirten-Kartoffeln (Rezepte Seite 100 und 94).

Scharfes Sirloin Steak

Zutaten für 4–6 Personen:
1 Sirloin Steak von 1,2 kg und 4 cm Dicke ohne Knochen (Top Sirloin) · 2 Teel. Salz · 4 Eßl. grobgemahlener Pfeffer · 3 Eßl. Öl · 2 Eßl. Weinbrand · ⅛ l Sahne · 1 Eigelb · 1 Eßl. Butter · gehackte Petersilie

• Zubereitungszeit: 35 Minuten.
• Etwa 690/460 Kalorien (2890/1925 Joule) pro Person.

Das Sirloin Steak salzen und so viel Pfeffer wie möglich in das Fleisch einmassieren. • Das Öl erhitzen, es soll fast rauchen, und das Steak beidseitig in je 8 Minuten unter häufigem Wenden, damit es nicht zu dunkel wird, braun braten. Herausnehmen, warm stellen. • Vom Bratfond soviel abgießen, daß etwa 2 Eßlöffel voll in der Pfanne bleiben. • Erst den Weinbrand, dann die Sahne angießen, das Eigelb darunterschlagen, nochmals unter Rühren sehr heiß werden lassen, bis die Sauce andickt. Nicht mehr kochen, da sonst das Ei gerinnt und die Sauce zerfällt. • Schnell die kühle Butter einrühren. • Über das Sirloin Steak gießen, mit Petersilie bestreuen.

Die deutschen Brüder

Kluftsteak und Rippensteak

Sehr empfehlenswert ist das Rippensteak, das aus der Hochrippe geschnitten wird und das ich gerne Ochsenkotelett nenne. Es liegt direkt hinter der Schulter und ist deshalb preiswert. Es ist fettdurchwachsen und hat einen Knochen, aber keinen Filetanteil. Man läßt es sich etwa 5 Zentimeter dick schneiden, dann wiegt es um die 750 Gramm. Es braucht etwa 30 Minuten Brat- oder Grillzeit und reicht für 2 bis 3 Personen. Inzwischen lösen deutsche Metzger dieses Stück auch vom Knochen aus und bieten es als »Grillsteak« oder »Rindersteak« an. Ich würde vorschlagen, dem ausgelösten Steak statt dieses unverbindlichen Namens die Bezeichnung Hochrippen- oder Hochrückensteak zu geben. Die Amerikaner nennen es Rib Steak und schätzen es sehr wegen seines ausgeprägten Geschmacks. Man kann es auch unter der Bezeichnung Club Steak oder Prime Rib kaufen, wobei das Wort »Prime« mißverständlich ist. In der US-Qualitätsskala bedeutet »prime« die höchste Stufe und bezeichnet ein gut abgehangenes, zartes und saftiges Fleisch.

Löst man das Fleisch vom Knochen, heißt das Steak Rib Eye und manchmal auch Delmonico (siehe auch Seite 30, US-Steakbezeichnungen können verwirrend sein). Ein ganzes Stück Hochrippe, bei uns Rippenbraten genannt, heißt bei den Amerikanern Standing Rib Roast und wird gerne vom Wagen serviert.

Das Kluftsteak stammt vom anderen Ende des Ochsen und wird aus dem schieren Fleisch der Kluft oder Oberschale geschnitten, in der Schweiz heißt das entsprechende Stück Stotzen, bei den Österreichern Weißes Scherzl.

Man kann allerdings auch jenes Stück verwenden, das übrigbleibt, wenn man Oberschale, Nuß und Hüfte geschnitten hat. Es wird in vielen Gegenden »Namenlos« genannt, im nördlichen Teil der Bundesrepublik »Bürgermeisterstück« und in Schwaben »Herrenmaus«. Aus ihm lassen sich nach ausreichender Lagerung auch Steaks schneiden, ansonsten ist es für Tatar gut oder für Geschnetzeltes.

Ein Kluftsteak sollte nicht unter 200 Gramm wiegen und etwa 3 Zentimeter dick sein. Es sollte eigentlich immer vom Mastochsen stammen. Es heißt auch Beefsteak oder Hamburger Steak.

Die Amerikaner kennen es nicht. Bei ihnen schneidet man aus der ganzen Keule die riesigen Round Steaks, die 2 Kilo schwer sein können.

Supersteak mit Schuß

Die Idee, Marinade mit Hilfe einer Spritze ins Fleisch hineinzubringen, kam mir, als ich auf einer großen Party 60 Hochrippensteaks für 120 Personen grillen mußte. Man kauft sich in der Apotheke eine billige Injektionsspritze und eine möglichst dicke Injektionsnadel. Die Anschaffung lohnt sich auf jeden Fall, denn der Geschmack des damit behandelten Steaks ist hervorragend.

Zutaten für 2 Personen:
1 Hochrippensteak von 800 g und 6 cm Dicke • 2 Eßl. Öl • 4 Eßl. Rotwein • 1 gestrichener

Teel. Salz • ½ Teel. würzflüssiger Knoblauch oder Knoblauchsaft • 1 Zweig Thymian

• Zubereitungszeit: 40 Minuten. Marinierzeit: 24 und 3 Stunden.
• Etwa 800 Kalorien (3350 Joule) pro Person.

Das Steak mit Öl einmassieren und zugedeckt 24 Stunden ziehen lassen. • Den Rotwein mit Salz und Knoblauch verrühren, den Thymian dazuge-

ben und ebenfalls ziehen lassen. • Den Thymian herausnehmen, den gewürzten Rotwein an mehreren Stellen in das geölte Steak injizieren. • Das Steak noch einmal 3 Stunden ruhen lassen, abtrocknen. • Auf dem Grill von jeder Seite 10 Minuten grillen, in der Pfanne jeweils 15 Minuten braten. • 5 Minuten ruhen lassen, in schräge Scheiben aufschneiden.

Variante: Das Steak mit einer Mischung aus Weinbrand, Knoblauchsaft und Sangrita picante spritzen. Statt Knoblauch würzflüssige Zwiebel oder Zwiebelsaft nehmen.

Das paßt dazu: gemischter Salat und im Backofen erhitzte Kartoffelchips oder Folienkartoffeln (Rezepte Seite 96 und 94).

Mein Ochsenkotelett

Bild Seite 90

Zutaten für 2–3 Personen:
1 Hochrippensteak mit Knochen von 1 kg • 3 Eßl. Öl • 2 Eßl. Butter • Salz • Pfeffer • 1 Paket Tiefkühlerbsen (150 g) • 2 Zwiebeln • ⅛ l klare Fleischsuppe • ⅛ l Rotwein • 2 gestrichene Teel. Speisestärkemehl • 1 Prise Zukker • 1 Teel. Zitronensaft • 1 Eßl. Johannisbeergelee • 1 Prise getrockneter Thymian • 1 Scheibe roher Schinken

• Zubereitungszeit: 25 Minuten.
• Etwa 1400/935 Kalorien (5860/3915 Joule) pro Person.

Die Hochrippe von beiden Seiten im Öl scharf anbraten. • Die Butter zugeben und das Fleisch auf beiden Seiten in je 10–15 Minuten fertig braten. Aus der Pfanne nehmen, salzen und pfeffern, warm stellen. • Die Erbsen in heißer Butter auftauen und garen. • Die Zwiebeln kleinschneiden und im Bratfond in der Pfanne anbräunen, dann die Fleischsuppe und den Rotwein dazugießen und 2 Minuten durchkochen lassen. • Mit der Speisestärke andicken. Mit Salz, Pfeffer, Zucker, dem Zitronensaft, dem Johannisbeergelee und dem Thymian abschmecken. • Die Erbsen zur Sauce geben. • Das Steak mit der Schinkenscheibe belegen, die Sauce darübergießen.

Das paßt dazu: Salzkartoffeln oder gebackene junge Kartoffeln (Rezept Seite 94), reichlich grüner Salat oder Chicorée-Orangen-Salat (Rezept Seite 99). Und natürlich der gleiche Rotwein, mit dem die Sauce zubereitet wurde.

Steak im Salzmantel

Mit dieser Methode, Steaks zuzubereiten, machte in Amerika Mr. Lawry seine Steaklokale bekannt. Er löst aus dem Rib Steak den Knochen aus und macht so ein Delmonico Steak daraus.

Zutaten für 5 Personen:
1 Hochrippensteak von 1,5 kg und 4 cm Dicke · 1 Knoblauchzehe · 2 Eßl. flüssige Butter · frischgemahlener Pfeffer · 2,5 kg Steinsalz · 1 Tasse Wasser

- Zubereitungszeit: 50 Minuten.
- Etwa 605 Kalorien (2535 Joule) pro Person.

Aus dem Steak den Knochen auslösen, das Fleisch etwas zusammenbinden, damit es die Form behält. Die Knoblauchzehe zerquetschen, das Steak von beiden Seiten mit dem Knoblauch einreiben, mit der zerlassenen Butter bepinseln und kräftig pfeffern. • Aus dem Salz und 1 Tasse Wasser eine dickliche Paste kneten, wobei das Wasser das Salz nicht auflösen darf. • Das Steak in eine Kasserolle oder flache Pfanne legen und seine Oberseite dick mit der Salzpaste bedecken. Die Hälfte des Salzes sollte dabei verbraucht werden. • Die Pfanne im Grill dicht an die Hitze heranbringen und das Steak etwa 15–20 Minuten braten lassen. Das Salz erhärtet schnell zu einem steinharten Panzer. • Nach dieser Zeit den Panzer vom Steak lösen (oder klopfen), das Steak wenden und mit dem Rest der Salzmasse bedekken. Weitere 15 Minuten wieder dicht unter den Grillstäben braten. • Die Salzkruste entfernen, den Faden lösen, das Steak etwas ruhen lassen, in schräge Scheiben schneiden.

Das paßt dazu: Weißbrot, in Essig eingelegte Pilze und Artischockenherzen oder marinierte Zwiebeln (Rezept Seite 97). Ein Porterbier dazu trinken.

Hochrippensteak mit viel Sauce

Das ist ein Rezept für ein Steak, von dem wir nicht genau wissen, ob es zart und gut abgehangen ist. Deshalb geht die Zubereitungszeit über den steaküblichen Rahmen hinaus: Es wird geschmort und ist natürlich durch. Wer's so mag, soll es ruhig einmal probieren.

Zutaten für 2 Personen:
1 Hochrippensteak von etwa 800 g und 4 cm Dicke · Pfeffer · Salz · Piment · getrocknetes Basilikum · ¼ l klare Fleischsuppe (Würfel) · 1 Eßl. Schweineschmalz · 1 Dose geschälte Tomaten

- Zubereitungszeit: 2 Stunden.
- Etwa 650 Kalorien (2720 Joule) pro Person.

Das Steak von allen Seiten mit frischgemahlenem Pfeffer, Salz, Piment und zerriebenem Basilikum einreiben, stehenlassen. • Eine Pfanne erhitzen und das Steak von beiden Seiten darin fettlos anbraten. Wenn es braun ist, die klare Fleischsuppe angießen. • Deckel auf die Pfanne geben und 1 knappe Stunde köcheln. • Kurz bevor die Stunde um ist, eine feuerfeste Servierschüssel mit dem Schweineschmalz ausfetten. • Die Tomaten mit ihrem Saft hineingeben, das Steak daraufsetzen und es bei 175 Grad auf der Mittelschiene in 30 Minuten schön braun braten. • Steak herausnehmen, 5 Minuten ruhen lassen. • In dieser Zeit aus den Tomaten und der Kochflüssigkeit aus der Steakpfanne eine Sauce anrühren, abschmecken und etwas einkochen lassen.

Das paßt dazu: reichlich grüner Salat oder Bohnensalat und krustiges Weißbrot zum Saucetunken. Wir trinken ein Guinness Extra Stout, ein Pils oder einen Beaujolais nouveau dazu.

Beefsteak nach Prager Art

Es muß nicht unbedingt der Original Prager Schinken sein, mit dem Sie diese Spezialität servieren, im Originalrezept gehört er allerdings dazu.

Zutaten für 4 Personen:
4 Kluftsteaks (Beefsteaks) zu je 200 g • 2 Eßl. Öl • 3 Eßl. Butter • 4 Eier • Salz • Pfeffer • 4 Teel. Preßkaviar • 4 nicht zu dünne Scheiben Schinken

• Zubereitungszeit: 20 Minuten. Ruhezeit: mehrere Stunden.
• Etwa 660 Kalorien (2765 Joule) pro Person.

Die Steaks wie üblich mit Öl einmassieren und einige Stunden stehen lassen. • Das Fleisch mit dem Handballen zurechtdrücken. • Die Pfanne erhitzen und die Steaks in die heiße, trockene Pfanne geben. Von beiden Seiten anbraten und so lange braten, daß die Steaks innen noch rosig sind, also etwa 8–10 Minuten. Zwischendurch die Butter dazugeben. • Inzwischen in einer zweiten Pfanne aus den Eiern mit dem restlichen Öl Spiegeleier bereiten. • Die fertigen Steaks aus der Pfanne nehmen, salzen, pfeffern und auf eine gewärmte Platte legen; den Kaviar daraufgeben, mit je 1 Schinkenscheibe überdecken und mit je 1 Spiegelei krönen.

Das paßt dazu: körnig gekochter Reis, der mit einem Hauch Safran gewürzt wurde. Ein Pilsner, ein Pils mit Sekt oder ein spritziger Weißwein.

Bistecca di manzo alla pescatore

Das Gericht heißt auf deutsch: Steak auf Fischer Art. Etwas verwunderlich, da Italien erst in den letzten Jahren zur fleischessenden Nation wurde und die Fischer da sicher noch nicht mitmachen!

Zutaten für 4 Personen:
1 kleine Zwiebel • 2 Knoblauchzehen • 6 Sardellen • 500 g Tomaten • 4 Kluftsteaks (Beefsteaks) zu je 200 g • Olivenöl • Salz • gehackte Petersilie • 1 Prise getrockneter Majoran • Saft von 1 Zitrone • Pfeffer

Ein paar Takte Kaviar

Wenn Sie von dem Kaviargeschmack wirklich etwas haben wollen, nehmen Sie keinen deutschen, sondern Preßkaviar. Er hat den ausgeprägtesten Geschmack. Nehmen Sie aber auch keinen Sevruga Malossol oder gar noch teurere Qualitäten, dann ist es wiederum um den Kaviar schade.

• Zubereitungszeit: 20 Minuten.
• Etwa 400 Kalorien (1675 Joule) pro Person.

Die Zwiebel kleinschneiden, die Knoblauchzehen zerquetschen, die Sardellen hacken. Die Tomaten schälen, entkernen und kleinschneiden. • Die Steaks in kaltes Olivenöl tauchen und in heißer, trockener Pfanne von beiden Seiten braten, insgesamt etwa 6 Minuten, dann salzen und warm stellen. • Gleichzeitig in einer anderen Pfanne die Zwiebel zusammen mit der gehackten Petersilie, dem Knoblauch, den Sardellen und dem Majoran anrösten. Die kleingeschnittenen Tomaten dazugeben, alles gut verrühren und so lange braten und köcheln lassen, bis die Tomaten zerfallen. • Die Steaks mit dem Zitronensaft beträufeln, pfeffern und mit der Sauce servieren.

Das paßt dazu: frisch gekochte Nudeln mit Butter oder Olivenöl und ein Barolo.

Beefsteakrolle

Ein fast steakfremdes Rezept, denn die Beefsteaks werden diesmal gegen alle Regeln möglichst lang und dünn geschnitten, fast so, als wären sie für Rouladen bestimmt.

Zutaten für 4 Personen:
4 lange Kluftsteaks (Beefsteaks) zu je 180 g • 3 Eßl. Butter oder Margarine • 200 g Emmentaler oder Chester am Stück • 4 Scheiben Frühstücksspeck • 2 Eßl. Tomatenketchup • Salz • Pfeffer

• Zubereitungszeit: 30 Minuten.
• Etwa 670 Kalorien (2805 Joule) pro Person.

Die Steaks klopfen (die Ausnahme von der Regel) und von beiden Seiten in der Butter oder Margarine je 1 Minute anbraten. • Den Käse in 4 daumendicke Streifen schneiden, die so lange sind wie die Steaks breit. • Die Speckscheiben dick mit Ketchup bestreichen und in jede bestrichene Scheibe Frühstücksspeck 1 Käsestück wikkeln. • Diese Speckpakete wiederum in die angebratenen Steaks verpacken und die Rollen mit Zahnstochern zustecken. Mit Salz und Pfeffer würzen. • In der Butter so lange weiterbraten, bis der Käse herauszulaufen beginnt.

Das paßt dazu: Kartoffelkroketten und Tomatensalat mit reichlich Zwiebeln. Ein leichter Rotwein oder ein Bier der Münchner Richtung.

Beefsteak Szekszárder Art

Dieses mächtige und aufwendige Gericht sah ich in einem ungarischen Kochbuch und fand es äußerst interessant.

Zutaten für 4 Personen:
500 g kleingehackte Kalbsknochen • 150 g Margarine oder Schweineschmalz • 1½ Zwiebeln • 1 Knoblauchzehe • 2 Eßl. Mehl • 2 Eßl. Edelsüßpaprika • 1¼ l heißes Wasser • 4 Kluftsteaks (Beefsteaks) zu je 200 g • 350 g frische Gänseleber • Pfeffer • Dill • 60 g Letscho (aus der Dose) • 4 Eßl. saure Sahne • 4 Brötchen

• Zubereitungszeit: 2 Stunden.
• Etwa 995 Kalorien (4165 Joule) pro Person.

Die Kalbsknochen mit ⅓ der Margarine oder des Schmalzes in eine kleine Pfanne geben, gut anbraten, dann die Zwiebeln in Scheiben schneiden, den Knoblauch zerquetschen und beides dazugeben, weiterbraten, mit dem Mehl bestreuen und, wenn dieses bräunlich ist, alles in einen Kochtopf schütten. Reichlich Edelsüßpaprika darunterrühren. Das Wasser angießen, salzen, und ohne Deckel 1½ Stunden auf kleinem Feuer langsam kochen. • Die Steaks sanft klopfen. • Die Gänseleber in 4 Teile schneiden, salzen, mit Pfeffer übermahlen. • Den Dill feinhacken und in 2 Eßlöffeln Margarine oder Schmalz anschmelzen. • Den Knochensud in einen anderen Topf abseihen, den Letscho, den Dill und die saure Sahne zufügen und diese Sauce sanft weiterköcheln lassen. • Inzwischen die Brötchen oben und unten so abschneiden, daß eine dicke runde Scheibe übrig bleibt, im Restfett anbraten, warm stellen. • Im gleichen Fett die Gänseleber braten und diese ebenfalls warm stellen. • Die Steaks wie üblich braten oder grillen, schwach salzen und auf die gebratenen Brötchenscheiben legen, darauf die Gänseleber. Mit der Sauce übergießen.

Das paßt dazu: Egri Bikavér, der beste ungarische Rotwein, der seinen Namen »Stierblut« nach seiner Farbe hat, und Hirten-Kartoffeln (Rezept Seite 94).

Beefsteak mariniert

Eine Art, um aus minderem oder vom Schnitt her zweitklassigem Fleisch doch noch was Feines zu machen, die ich in Schottland kennenlernte.

Zutaten für 1 Person:
2 Zwiebeln · 1 Kluftsteak (Beefsteak) von 300 g · 3 Nelken · 6 Pfefferkörner · 1 Lorbeerblatt · 1 Teel. Majoran · 1 Thymianzweig · 1 Bund Petersilie · Öl · Essig · Salz · 4 Eßl. klare Fleischsuppe · 2 Eßl. Butter

- Zubereitungszeit: 30 Minuten. Marinierzeit: 12 Stunden.
- Etwa 760 Kalorien (3181 Joule).

Die Zwiebeln kleinschneiden. Mit dem Steak und den Gewürzen, dem Thymianzweig und dem Petersilienbund in eine Schüssel geben. • Öl und Essig 2:1 mischen, etwas salzen und so viel von der Mischung über das Steak gießen, daß dieses knapp bedeckt ist. • Mindestens 12 Stunden in der Marinade lassen, dabei einige Male wenden. • Das Steak herausnehmen, mit Küchenkrepp abtrocknen, beidseitig in heißer Butter anbraten. Die Marinade abseihen und 4 Eßlöffel davon mit 4 Eßlöffeln Fleischsuppe zum Steak geben. • Aus der Marinade die Gewürzkörner, den Thymian und die Petersilie fischen. Die Zwiebeln zum Steak in die Pfanne geben. • Bei mittlerer Hitze etwa 15 Minuten köcheln lassen.

Das paßt dazu: Salzkartoffeln und Jägerkohl.

Überraschungssteak

Dieses Steak aß ich in der Rôtisserie Ardennaise in Brüssel, bat um das Rezept und bekam es.

Zutaten für 4 Personen:
4 dicke Kluftsteaks (Beefsteaks) zu je 250 g · Senf · Salz · Pfeffer · 1 Gewürzgurke · 4 Scheiben Emmentaler · 3 Eßl. Butter oder Margarine

- Zubereitungszeit: 25 Minuten.
- Etwa 570 Kalorien (2385 Joule) pro Person.

In die Steaks je eine Tasche hineinschneiden, diese ganz mit Senf ausstreichen, salzen und pfeffern. • Die Gewürzgurke in dünne Scheibchen schneiden. • Jede Tasche mit 1 Scheibe Käse und einigen dünnen Gurkenscheibchen füllen, mit Holzstäbchen zustecken. • In der Pfanne die Butter oder Margarine erhitzen und die Steaks darin in 12–15 Minuten braun braten.

Steak in kleinen Stücken

Von Beefsteak Tatar bis Sukiyaki

Man kann Steaks auch roh essen. Ich schneide immer wenn ich Steaks brate, hauchdünne Scheibchen ab, würze sie mit Pfeffer und Salz und esse sie aus der Hand. Für mich die beste Methode festzustellen, ob das Steak auch wirklich zart ist. Damit wir uns recht verstehen, das Rohessen geschieht vornehmlich wegen der Lust. Sie finden im folgenden Kapitel das Rezept »Carpaccio«. Es ist eine Vorspeise, für mich aber häufiger auch ein Abendessen. Ich hole ein Filetsteak aus der Tiefkühltruhe und schnibbele es mit dem Allesschneider dünn. Bis ich mich dann zu Tisch setze, ist das Fleisch aufgetaut und hat die richtige kühle Eßtemperatur.

Wenn man rohe Steaks durchdreht, bekommt man Beefsteak Tatar oder Schabefleisch, die Form, in der viele Leute rohes Fleisch essen.

In ein Steakbuch gehören aber auch jene Gerichte, bei denen Steaks geschnetzelt oder kleingewürfelt oder in Streifen geschnitten und kurzgebraten, kurz geschmort oder auch kurz gekocht werden. Hier reicht mein Rezeptangebot von der russischen Küche (Stroganow) bis zur chinesischen (Steak auf kantonesische Art und Dreimal gebratenes Rindfleisch) und japanischen (Sukiyaki und Shabu Shabu). Das wohl exotischste Steakgericht des ganzen Buches ist Kifto aus Äthiopien. Es ist zugleich das letzte aller Steakrezepte.

Carpaccio alla veneto

Bild Seite 89

Bei »Käfer« in München steht rohes Steak immer auf der Karte: es heißt dort »Carpaccio alla Cipriani« und es schmeckt mir immer gut. Folgendes Rezept brachte ich mir aus Italien mit.

Zutaten für 6 Personen:
500 g Kluftsteak (Beefsteak) • 3 Eigelbe • 1 Teel. scharfer Senf • etwas frischgemahlener weißer Pfeffer • Saft 1 Zitrone • 1 Eßl. frischer gehackter oder 1 Teel. getrockneter Estragon • 12 Eßl. Olivenöl • Lemon Pepper

- Zubereitungszeit: 30 Minuten. Einfrierzeit: 1 Stunde.
- Etwa 310 Kalorien (1300 Joule) pro Person.

Das Fleisch in 3 gleichgroße Scheiben schneiden und für mindestens 1 Stunde in das Tiefkühlfach geben. • Die gefrorenen Steaks mit der Brotmaschine oder dem Allesschneider von der Kante her in hauchdünne Scheibchen schneiden. Diese fächerförmig auf 6 Tellern anrichten. • Die Eigelbe, den Senf, den Pfeffer, 1 Teelöffel Zitronensaft und den Estragon miteinander verrühren. Das Öl langsam unter Schlagen dazulaufen lassen und so eine Mayonnaise rühren. Zum Schluß mit dem restlichen Zitronensaft würzen. Kein Salz. • Diese dünne Mayonnaise wird mit Lemon Pepper zum Carpaccio serviert.

Von Beefsteak Tatar bis Sukiyaki

Tatar

Dies ist die Urform des Steaks: für den Wilden in uns. Trotzdem richten wir das Tatar optisch hübsch auf einfarbigen, wenn nicht weißen Tellern an.

Zutaten für 1 Person:
250 g gehacktes Filetsteak • 2 Eigelbe • ½ Zwiebel • 1 Eßl. schwarze Oliven • 2 Cornichons • 1 Eßl. Mango-Chutney • 2 Teel. schöne Kapern • 1 Eßl. gehackte Petersilie • 3 zusammengerollte Sardellenstreifen • 5 eingelegte Perlzwiebeln • Rosenpaprika • Salz • Pfeffer

- Zubereitungszeit: 10 Minuten.
- Etwa 590 Kalorien (2470 Joule).

Aus dem Gehackten eine Art Vogelnest auf dem Teller formen. In das Nest die Eigelbe setzen. • Die Zwiebel feinhacken. Die Oliven hacken, die Cornichons in Streifen schneiden. • Die Zutaten um das Fleisch herum arrangieren: Zwiebel und Chutney als Häufchen, die Kapern als dunkelgrünen, die Petersilie als grasgrünen Fleck, die Sardellen als Röllchen, die Olivenstückchen als dicken Punkt mit den Cornichonstreifen als Ausrufezeichen. Und die Perlzwiebelchen auf dem Fleisch. Der Rosenpaprika setzt noch einen roten Akzent dazwischen. • Salz und eine Pfeffermühle stehen auf dem Tisch.

Das paßt dazu: Vollkornbrot, Butter und Bier oder Wein.

Steak Tatar

Zutaten für 1 Person:
250 g gehacktes Beefsteak • 1½ Zwiebeln • 1 Eigelb • Salz • Pfeffer • Fondor • einige Spritzer Worcestersauce • 2 Eßl. Butter • 1 Teel. Kapern

- Zubereitungszeit: 15 Minuten.
- Etwa 650 Kalorien (2720 Joule).

Das Hackfleisch wie für ein Tatar anmachen. Die halbe Zwiebel feinhacken und zusammen mit dem Eigelb gründlich mit dem Fleisch vermischen. Mit Salz, Pfeffer, Fondor und Worcestersauce abschmecken und würzen. • Die Hälfte der Butter in einer Pfanne zerlaufen lassen. • Die ganze Zwiebel in dünne Scheiben schneiden und in der Butter braun und kroß braten. Zuletzt die Kapern dazugeben, nochmals gut durchmischen und beiseitestellen. • In einer zweiten Pfanne den Rest der Butter braun werden lassen, aus dem Tatar ein großes flaches Steak formen und in die heiße Butter geben. Auf beiden Seiten jeweils nur so lange braten. bis sich eine braune Kruste bildet. Das Steak Tatar soll im Innern noch roh sein. • Mit der Bratbutter und den Zwiebeln anrichten.

Beefsteak à la Meyer

Wer Herr Meyer war, weiß ich nicht. Vielleicht bedeutete der Name aber nur das Einfache an diesem Hacksteak, das Volkstümliche, ja Gewöhnliche. Ohne die Beilagen, die es wiederum aus der Masse der gehackten Fleischspeisen herausheben, kann man es stolz und übertreibend auch deutsches Beefsteak nennen.

Zutaten für 4 Personen:
½ Brötchen • ¼ l Milch • 500 g gehacktes Beefsteak (vom Kluftsteak) • 5 Eier • Salz • Pfeffer • 3 Eßl. Margarine • 1 Dose feine Erbsen oder 1 Paket Erbsen aus der Tiefkühltruhe (210 ml) • 1 Dose Karotten oder 1 Paket Karot-

ten aus der Tiefkühltruhe (425 ml) • 1 Dose Spargelstücke (425 ml) • 4 Eßl. Butter • Petersilie • 1 Stückchen Salatgurke • 2 Tomaten

- Zubereitungszeit: 35 Minuten.
- Etwa 585 Kalorien (2450 Joule) pro Person.

Das Brötchen in der Milch einweichen, dann ausdrücken. • Aus dem Fleisch mit dem Brötchen und 1 Ei einen Teig kneten. Mit Salz und Pfeffer kräftig würzen, 4 Steaks daraus formen. • Die Steaks in 2 Eßlöffeln Margarine scharf an- und langsam durchbraten. • Die Gemüse abgießen oder unaufgetaut getrennt in Butter erhitzen. • Aus den verbliebenen 4 Eiern in der restlichen Margarine Spiegeleier braten. • Jedes Hacksteak mit 1 Spiegelei krönen und mit den Gemüsen umlegen. Mit Petersilie, Gurken- und Tomatenscheiben garnieren.

Das paßt dazu: Bratkartoffeln und Bier. So mochte es Herr Meyer sicherlich am liebsten.

Fondue bourguignonne

Zutaten für 4 Personen:
600–800 g Filet oder Rumpsteak oder Roastbeef • Salz • Pfeffer • ¾ l Öl

- Vorbereitungszeit: 10 Minuten. Zubereitungszeit: keine.
- Etwa 450 Kalorien (1885 Joule) pro Person.

Das Fleisch in kleine Würfel schneiden, abtrocknen. • Das Öl erhitzen, dann den Öltopf auf eine starke Rechaudflamme stellen. • Das Fleisch aufspießen und im Öl braten. Wie lange Sie Ihre Fleischstückchen braten, hängt davon ab, ob Sie es blutig, rosig oder durch mögen. Salzen und nach Geschmack pfeffern.

Das paßt dazu: möglichst viele Saucen und Dips. Gewaschene, geputzte Chicoréeblätter, mit denen man auch noch Saucen und Dips auftunken kann.

Dreimal gebratenes Rindfleisch

Aus der chinesischen Küche, präzise gesagt aus der von Hünan, stammt das folgende Rezept, mit dem wir endgültig die wahre Steakküche verlassen, obwohl wir Kluftsteak dazu brauchen. Das Rezept stammt aus dem Lokal »Uncle Tais's Hunan Yuan« in New Yorks Third Avenue.

Zutaten für 6 Personen:
1 große Scheibe Kluftsteak von 750 g • ½ Teel. Natriumkarbonat • 0,2 l Wasser • ¼ Teel. Salz • 3 Eßl. trockener Sherry • 1 Eiweiß •

Filet am Stück

Die Steakstücke immer von allen Häuten und Sehnen befreien, besser noch vom Metzger gleich makellos herrichten lassen. Muß das Fleisch fein geschnitten werden, gibt man es knapp 2 Stunden in die Tiefkühlung und schneidet es dann schnell mit einem scharfen Messer, der Brotmaschine oder dem Allesschneider auf.

3½ Eßl. Maisstärke • 2 Eßl. Erdnußöl • 2 Schalotten • 1 frische rote scharfe Pfefferschote • 3 Scheibchen frischer Ingwer • 3 Eßl. getrocknete Orangenschale (Spice Islands) • 3 Eßl. Sojasauce • ¼ Teel. Monosodium Glutamat • 2 Eßl. Zucker • 1 Teel. Sesamöl • 4 Eßl. Hühnerbrühe • ¾ l Erdnußöl

- Zubereitungszeit: 35 Minuten. Ruhezeit: mindestens 1 Stunde.
- Etwa 250 Kalorien (1045 Joule) pro Person.

Das Steak mit einem scharfen Messer parallel zur Faser in 2 Scheiben schneiden, die Scheiben in dünne Streifchen. • Das Fleisch in eine Schüssel geben, mit dem im Wasser aufgelösten Natriumkarbonat begießen und über Nacht oder für mindestens 1 Stunde in den Kühlschrank stellen. • Das Wasser abgießen, das Fleisch unter fließendem Wasser waschen, gut abtrocknen. Salzen. 1 Eßlöffel Sherry und das Eiweiß zum Fleisch geben, so lange rühren, bis das Eiweiß Blasen wirft. Dann 1½ Eßlöffel Maisstärke und 2 Eßlöffel Öl dazugeben. Alles gut mischen. • Die Schalotten und die Pfefferschote feinhakken, die Ingwerscheibchen kleinwürfeln und mit der Orangenschale vermischen. • Den restlichen Sherry mit der Sojasauce, dem Monosodium Glutamat, dem Zucker, der restlichen, mit 3 Eßlöffeln Wasser angerührten Maisstärke, dem Sesamöl und der Hühnerbrühe gut verrühren. • In der Zwischenzeit in einer tiefen Pfanne das Bratöl erhitzen, und wenn es fast raucht, das Fleisch hineingeben. 45 Sekunden lang umrühren, mit dem Fritierlöffel auf einmal herausnehmen. Auf Küchenpapier abtrocknen, Öl wieder aufheizen lassen, Fleisch für 15 Sekunden hineingeben, rühren. Wieder herausnehmen, abtrocknen und das Fleisch zum drittenmal 15 Sekunden braten. Es wird außen ganz knusprig und bleibt innen saftig-rosig. • In einer anderen Pfanne 2 Eßlöffel Öl erhitzen, die Schalottenmischung 10 Sekunden darin rühren. Fleisch dazugeben, 10 Sekunden umrühren, Weinmischung dazu, unter Rühren 15 Sekunden kochen. Dann genauso heiß servieren.

Das paßt dazu: gekochter Reis.

Boeuf Nishnij Nowgorod

Aus dem fürstlichen Hause Stroganow, den einstigen Herren über Sibirien, dürfte dieses Rezept sein, das ich bei Werner Fischer in »Köstlichkeiten Internationaler Kochkunst« fand und für mich und für Sie aufbereitete.

Zutaten für 4 Personen:
100 g magerer geräucherter Speck • 1 Zwiebel • 2 Scheiben eingelegte rote Bete • 1 kleine Salzgurke • 400 g Steinpilze • 2 Eßl. Butter • 750 g Filet • Salz • 4 Eßl. saure Sahne • 2 Eßl. OK-Sauce • Dill • Petersilie

- Zubereitungszeit: 35 Minuten.
- Etwa 530 Kalorien (2220 Joule) pro Person.

Den Speck in feine, kleine Scheibchen schneiden. Die Zwiebel in Ringe, die roten Bete in Streifen schneiden, die Salzgurke schälen und gleichfalls in Streifen schneiden. • Die Steinpilze putzen, Köpfe und Stiele trennen, die Stiele halbieren. • Die Speckscheibchen in die erhitzte Butter geben, einmal wenden, dann die Zwiebelringe dazugeben. Braten, bis die Zwiebeln glasig werden. • Die Steinpilze in die Pfanne geben und 10 Minuten kräftig schmoren lassen. • Die rote Bete und die Salzgurke dazugeben und schmoren lassen, bis alle Flüssigkeit verdampft ist. • Das Filet in fingerdicke Streifen schneiden. In einer zweiten Pfanne in der Restbutter die Streifen unter

Wenden in 4 Minuten saignant braten. Salzen und unter die Pilz-Zwiebeln mischen. • Portionsweise anrichten, mit Klecksen dicker saurer Sahne besetzen und OK-Sauce darüber verteilen. • Dill und Petersilie grob zupfen und wie kleine Sträußchen hineinstecken.

Das paßt dazu: gebratene Kartoffeln aller Art und Rotwein.

Anmerkung: In Rußland verwendet man für dieses Gericht Kabul-Sauce, die es dort, aber leider nicht bei uns als Fertigprodukt zu kaufen gibt. Ich habe einige andere Saucen probiert, und muß mich Werner Fischer anschließen: Die OK-Sauce kommt der Kabul-Sauce am nächsten.

Shabu Shabu

Mit dem Sukiyaki verwandt ist Shabu Shabu, ein japanisches Eintopfgericht. Hier wird das Steakfleisch mit dem Gemüse bei Tisch in Hühnerbrühe gekocht und anschließend zum Würzen in Sojasauce gedippt.

Zutaten für 6 Personen:
500 g Filet- oder Kluftsteak • 800 g Chinakohl • 8 Möhren • 10 große Blätter Feldspinat • 1 Eßl. Salz • 3 Stangen Lauch • 300 g Tofu (Bohnenkäse) • 10 frische Champignons • 1¼ l Hühnerbrühe • 1 handflächengroßes Stück Tombu oder Nori (Algenart) • 10 Eßl. Sojasauce • 3 Eßl. Zitronensaft • 30 g frischer Ingwer

• Zubereitungszeit: 40 Minuten. Einfrierzeit: 1 Stunde.
• Etwa 300 Kalorien (1255 Joule) pro Person.

Das Fleisch in 3 Scheiben schneiden, im Kühlfach einfrieren und mit dem Allesschneider in hauchdünne Scheibchen schneiden. Die etwa 2–3 cm breiten Streifen auf eine Platte legen. • Die Chinakohlblätter einzeln waschen, die Möhren putzen und in Stifte schneiden. Beides genauso wie den Spinat 1 Minute in Salzwasser blanchieren. • Abtropfen, Kohlblätter und Spinat übereinanderschichten, aufrollen und in Streifen schneiden. • Den Lauch in schräge Scheiben schneiden, den Tofu (Bohnenkäse, in Dosen oder in Spezialgeschäften auch frisch erhältlich) würfeln und die Champignons halbieren. • Zusammen mit dem Kohl-Spinat und den Möhren auf einer zweiten Platte anrichten. • Die Hühnerbrühe mit der Alge zum Kochen bringen, auf ein Rechaud stellen und weiterköcheln lassen. • Sojasauce und Zitronensaft mischen, mit Ingwer übermahlen, verrühren, in 6 Portionsschälchen füllen. • Mit Stäbchen Fleisch und Gemüse in die Brühe und dann in die Sojasauce tauchen und wie Fondue essen.

Das paßt dazu: Anschließend wird die Brühe in Suppenschalen gefüllt und gelöffelt.

Sukiyaki Nummer I

Dieses Rezpt brachte ich vor vielen Jahren aus Tokio mit und habe es für den häuslichen Gebrauch etwas verändert.

Zutaten für 4–6 Personen:
800 g Rumpsteak • 2 Zwiebeln • 2 Möhren • 1 kleine Dose Bambussprossen • 200 g frische Champignons • 2 Stangen Lauch • ½ Kopfsalat • 1 Handvoll Spinatblätter • 4–6 Eigelbe • 200 g gekochter Reis • 2 Eßl. Öl •
½ l Brühe, bestehend aus:
5 Teilen Hühnerbrühe • 1 Teil japanischer Sojasauce • 1 Teil Mirin (oder Sake oder Sherry) • 1 Teel. Fondor oder Aromat • 1 Prise Zucker

- Zubereitungszeit: 35 Minuten. Einfrierzeit: 2 Stunden.
- Etwa 730/490 Kalorien (3060/2050 Joule) pro Person.

Das Fleisch für 2 Stunden in die Tiefkühlung geben. • Mit der Brotmaschine in hauchdünne Scheiben schneiden, ebenso die Zwiebeln, die Möhren, die Bambussprossen und die Champignons. Den Lauch in lange dünne Ellipsen und den Kopfsalat in Streifen schneiden. • Fleisch und Gemüse dekorativ mit dem Spinat auf verschiedenen Platten anordnen, • Die rohen Eigelbe in Einzelschälchen geben, ebenso den heißen Reis. • Bei Tisch hat jeder Gast vor sich ein Schälchen mit Reis und eines mit 1 Eigelb. Außerdem stehen auf dem Tisch die Tabletts mit dem Fleisch und mit den Gemüsen. • Die Brühe erhitzen und auf ein Teelicht stellen. • In der Pfanne auf dem Rechaud im heißen Öl von den hauchdünnen Steakscheiben einen Teil anbraten, dann einige der Möhren-, Zwiebel- und Lauchscheiben dazugeben. Mit ein wenig heißer Brühe aufgießen, aber nur so viel, daß die Zutaten nicht kochen, sondern schmoren. • Der Hausherr füllt den Topf immer nach und teilt an die Gäste aus, die sich kleine Fleisch- und Gemüsebissen mit dem Eigelb mischen.

Das paßt dazu: zum Sukiyaki (das u wird übrigens nicht mitgesprochen) trinkt man Bier oder schlürft warmen Reiswein.

Sukiyaki Nummer II

Da ein Kaufmann, der lange, lange Jahre in Japan gelebt hat, mein Rezept mit Brühe zu sehr auf Touristen zugeschnitten fand, gab er mir das folgende Rezept.

Zutaten für 4 Personen:
20 g getrocknete japanische Champignons • 600 g Filet • 1 Dose Bambussprossen • 500 g Lauch • 200 g Tofu (Bohnenkäse) • einige Salatblätter • einige Stücke Rindernierenfett • 1 Eßl. japanische Sojasauce • 1 Teel. Zucker • 1 Teel. Sake • 4 Eier • 200 g gekochter Reis

- Zubereitungszeit: 30 Minuten.
- Etwa 575 Kalorien (2465 Joule) pro Person.

Die Pilze einweichen. • Das Filet und die Bambussprossen in dünne Scheiben, den Lauch in 5 cm lange Schrägstreifen, den Tofu in Scheiben schneiden. • Die Pilze abgießen und ebenso wie die Salatblätter kleinschneiden. Alles dekorativ auf Platten anrichten. • Eine Pfanne auf das Rechaud in die Mitte des Tisches stellen und erhitzen. Mit dem Nierenfett gut ausreiben und das Fett schmelzen lassen. • Die Shoyu-Sauce (so heißt Soja japanisch), den Zucker und den Sake dazugeben und erhitzen. • Etwas Gemüse zufügen. 10 Minuten schmoren lassen, dann einige Scheiben Fleisch und Tofu dazugeben und warten, bis alles braun ist. • Eventuell etwas Sojasauce, Zucker und Sake für die nächsten Portionen nachgeben. • In der Zwischenzeit hat sich jeder Gast in seiner Eßschale 1 rohes Ei aufgeschlagen (wer rohes Eiweiß nicht mag, nimmt nur das Eigelb) und fischt nun mit den Eßstäbchen das Gewünschte aus der Pfanne und taucht es, um es abzukühlen, in das Ei. Dazu gibt es ein zweites Schälchen mit heißem, aber ungesalzenem Reis.

Das paßt dazu: Bier oder Reiswein.

Was noch zu den Steaks gehört
Von Steakbutter bis Grillmarinade

Die klassische Beilage zu den möglichst trocken gebratenen oder gegrillten Steaks aller Arten ist auf verschiedene Weise gewürzte Butter. Die bekannteste, mit Kräutern gemischte ist die Kräuterbutter. Sie bekommen sie auch in jedem Restaurant zum Steak. Man kann sie abwandeln, indem man mit der Butter einen Geschmacksgeber mischt, der kräftig genug ist, sich durchzusetzen. So finden Sie hier die Rezepte zu Sardellenbutter, Knoblauchbutter oder Senfbutter, wobei Sie wieder mit den verschiedenen Sorten Senf Geschmacksvarianten herstellen können.

Die Amerikaner, Meister im Steakgrillen, haben eine Reihe von Marinaden erfunden, mit denen sie ihre Riesensteaks einpinseln. Diese Saucen werden Mops genannt, sie schließen die Poren der Steaks, würzen sie gleichzeitig und geben ihnen eine besonders schöne braune Kruste. Ich biete Ihnen drei Varianten an. Sie können aber auch einfach gewürztes Öl verwenden.

Zu guter Letzt das Rezept für eine klassische Steaksauce, die Béarnaise, fast eine Zwillingsschwester der Hollandaise. Damit also eine Buttersauce. Zum Chateaubriand oder zum Entrecote ist sie fast obligatorisch.

Als P. S. möchte ich noch die Zubereitung von Kalbsjus anhängen, von der in verschiedenen Rezepten die Rede ist. Natürlich kann man »anstatt« einige Löffel Fleischsuppe oder Würfelbrühe verwenden, aber ich möchte hier eigentlich empfehlen, es gerade umgekehrt zu machen. Hat man sich erst an Kalbsjus gewöhnt, mag man den köstlichen Geschmack nicht mehr missen.

Kräuterbutter Maître d'hôtel, auch Haushofmeister Art

100 g Butter · 1 Eßl. gehackte Petersilie · Salz · Pfeffer · 1 Teel. scharfer Senf · Saft von ¼ Zitrone · etwas Schalottensaft

Die Butter weichrühren oder leicht anwärmen, die übrigen Zutaten hineingeben und alles gut mischen. • Nach der fast überall praktizierten Methode läßt man die Butter dann erkalten, formt sie zu einer Rolle, von der man Scheiben abschneidet und auf das Steak legt. Man kann die Butter vorher zubereiten und in Folie gewickelt im Kühlschrank aufheben. Der große Koch Walterspiel ist allerdings kein Freund dieser Methode. Er sagt – mit Recht –, daß die eiskalte Butterscheibe vom Steak herunterrutscht und so kalt nicht ihren vollen Geschmack entwickelt. Er gibt die halbweiche Butter auf das Steak und überglänzt es damit. Sie können Ihre Methode selbst wählen – die Show mit der Butterscheibe oder den Clou mit dem glänzenden Steak.

Alle folgenden Rezepte werden nach der gleichen Methode behandelt. Ich zähle nur noch die Zutaten und eventuelle Abänderungen auf, falls sich in der Zubereitung nichts ändert.

Estragonbutter

Im Rezept der Haushofmeister-Butter die gehackte Petersilie durch gehackte Estragonblätter ersetzen. • Den getrockneten Estragon zerreiben und mit etwas frischer Petersilie vermischen.

Von Steakbutter bis Grillmarinade

Komplizierte Kräuterbutter

100 g Butter · 1 Eßl. feingehackte Petersilie · 1 Bund feingeschnittener Schnittlauch · 1 Teel. Thymian · 1 Teel. Majoran · 1 Teel. Kerbel · 1 zerquetschte Knoblauchzehe · Saft von ¼ Zitrone · Salz · Pfeffer · einige Tropfen flüssige Würze (Maggi)
Alles gründlich miteinander vermischen und weich servieren.

Sardellenbutter

50 g Sardellenfilets · 2 hartgekochte Eigelbe · 125 g Butter

Von den Sardellen alle Gräten entfernen oder sie durch ein Haarsieb pressen. Alle Zutaten zusammen im Mixer pürieren. • Oder die Sardellen zerreiben, mit den Eigelben verrühren und die weiche Butter dazugeben.

<u>Variante für 1 Kleinstportion:</u> 3 Eßl. Butter, 1 Teel. Sardellenpaste, Petersilie.

Knoblauchbutter

2 Knoblauchzehen · 125 g Butter
Die Knoblauchzehen schälen, 4 Minuten lang in kochendheißes Wasser legen. Herausnehmen, abtrocknen und zerquetschen, am besten in einem Mörser. • Die ganz weiche Butter dazugeben und so lange bearbeiten, bis die Masse cremig ist.

Schalottenbutter

100 g gehackte Schalotten · 100 g Butter · Salz · Pfeffer
Genauso verarbeiten wie Knoblauchbutter. Beide Mischungen kann man natürlich auch im Mixer herstellen.

Senfbutter

100 g Butter · 1½ Eßl. scharfer Senf (Düsseldorfer oder Dijon) · Salz · Pfeffer
Die Butter mit dem Senf verrühren und mit Salz und Pfeffer abschmecken.

Roquefortbutter

100 g Butter · 30 g Roquefort
Butter und Käse sorgfältig miteinander zu geschmeidiger Masse verrühren.

Meerrettichbutter

125 g Butter · 25 g frisch geriebener oder · 50 g ausgedrückter und abgetropfter Meerrettich aus dem Glas · 1 Prise Salz
Die Butter mit dem Meerrettich gründlich mischen, dann das Salz zufügen.

Englische Pimentbutter

125 g Butter · ½ Teel. Piment (Nelkenpfeffer) · 1 Teel. gehackte Petersilie · Saft von 1 Zitrone · 1 Tropfen Knoblauchsaft · Salz · Pfeffer

Alles gut miteinander mischen und einige Stunden ruhen lassen. • Diese Buttermischung darf kalt serviert werden.

Walter Jettons Barbecue Mop

Walter Jetton ist der König des kommerziellen Barbecue. Wer eine Super-Barbecue-Party ausrichten möchte und das nötige Kleingeld dazu hat, holt Walter Jetton. Er hat schon Grillfeste mit 13 000 Gästen arrangiert. Dies ist seine Lieblingsmarinade.

Fleischgenuß in seiner reinsten Form vermittelt dieses ▷
Gericht aus rohem Filet. Das Rezept für Carpaccio
alla veneto finden Sie auf Seite 80.

Zutaten für 24 Steaks:
$\frac{5}{8}$ l Fleischbrühe • $1\frac{1}{2}$ Teel. Salz • 10 Eßl. Worcestersauce • 5 Eßl. Öl • $1\frac{1}{2}$ Teel. scharfer Senf • $1\frac{1}{2}$ Teel. Edelsüßpaprika • $1\frac{1}{2}$ Teel. Aromat • 1 Teel. würzflüssiger Knoblauch • 1 Teel. Tabasco • 1 gestrichener Teel. Chilipulver • $1\frac{1}{2}$ Teel. gemahlenes Lorbeerblatt

• Zubereitungszeit: 15 Minuten. Ruhezeit: 12 Stunden.

Alle Zutaten miteinander verrühren und über Nacht im Kühlschrank aufheben. Vor dem Bestreichen noch einmal gründlich durchrühren. • Man darf diese Sauce wegen der Fleischbrühe leider nicht länger aufheben, kann aber natürlich auch nur die Hälfte davon herstellen.

Barbecue Mop für T-Bone Steaks

Diese Sauce ist noch verbreiteter, stammt aber meines Wissens vom gleichen Erfinder, also auch von Walter Jetton.

Zutaten für 12–15 Steaks:
1 Zwiebel • 1 Knoblauchzehe • $\frac{1}{4}$ Tasse Butter • $\frac{1}{4}$ Tasse Essig • $\frac{1}{4}$ Tasse Tomatenketchup • $\frac{1}{4}$ Tasse Zitronensaft • $\frac{1}{5}$ Tasse Worcestersauce • $\frac{1}{2}$ Teel. Salz • $\frac{1}{4}$ Teel. Pfeffer • 3–6 Tropfen Tabasco

• Zubereitungszeit: 15 Minuten.

Die Zwiebel feinhacken, den Knoblauch zerquetschen. • Die Butter in einer Kasserolle zum Schmelzen bringen. • Den Essig, den Tomatenketchup, den Zitronensaft, die Worcestersauce, die Zwiebel, den Knoblauch und die Gewürze nacheinander dazugeben. • Alles zum Kochen bringen und die Steaks in die heiße Sauce einlegen. • Einige Stunden marinieren lassen. • Die Steaks herausnehmen, mit Küchenpapier oberflächlich abtupfen. • Mit der restlichen Sauce während des Grillens bestreichen.

Anmerkung: Die angegebenen Tassen sind nicht x-beliebige, sondern das amerikanische Maß 1 cup = 16 Eßlöffel. Unsere Mengen entsprechen also pro Zutat 4 Eßlöffeln.

Steak-Weichmacher-Marinade

Die dritte Marinade ist zum Marinieren von Steaks gedacht, von deren Zartheit wir nicht ganz überzeugt sind. Wir legen die Steaks in ein flaches Gefäß – am besten eignet sich einer der Vorratsbehälter aus Plastik für den Kühlschrank – und gießen die Marinade darüber. Auf jeden Fall soll sich das Steak über Nacht in der Marinade verzärteln lassen.

Zutaten für 6 Steaks und mehr:
1 Möhre • 1 Zwiebel • 1 Schalotte • 1 Teel. gehackte Petersilie • 8 Eßl. herber Rotwein • 8 Eßl. Olivenöl • 1 Eßl. Essig • 1 Lorbeerblatt • Salz • Pfeffer

• Zubereitungszeit: 10 Minuten.

Die Möhre und die Zwiebel reiben, die Schalotte in Scheiben schneiden. • Die vorbereiteten Zutaten gut mit allen übrigen verrühren und über das Fleisch gießen. Während das Steak in der Marinade ruht, noch öfter schütteln. Wobei Sie nicht unbedingt mitten in der Nacht aufstehen müssen, um umzurühren.
Dies ist einer von vielen Marinadetypen, die Sie selbst und ganz individuell ausprobieren können. Grundsätzlich: Öl, Essig und Wein gehören immer dazu, die Gewürze können variieren. Auch

◁ Für den Liebhaber deftiger Genüsse ist das Ochsenkotelett mit dem knusprigen Fettrand das Richtige. Rezept Seite 75.

Zwiebel würde ich immer nehmen, wer Knoblauch mag, kann auch das probieren. Möhren müssen nicht unbedingt sein, sondern können durch Kräuter ersetzt werden. Genau genommen ist die Marinade eine Spezialisierung meines Steak-Massage-Öls.

Anmerkung: Ich habe übrigens neben meinem scharfen Pfefferöl auch ein Fläschchen mit duftendem Knoblauchöl parat: Auf ¼ l Öl 2 angequetschte Knoblauchzehen rechnen, die etwa 4 Tage in dem Öl schwimmen. Herausnehmen und das Öl gut verschlossen aufbewahren.

Sauce Béarnaise

Sie wurde 1835 im »Pavillon Henri IV«, einem Restaurant außerhalb von Paris, erfunden und nach der Heimatprovinz Béarn des großen königlichen Feinschmeckers benannt.

Zutaten für 8 Personen:
2 Eßl. Estragonessig · 4–6 zerdrückte Pfefferkörner · ½ Eßl. gehackte Schalotten · 2 Eßl. trockener Weißwein · 2–3 Eigelbe (je nach Größe) · 250 g Butter · Zitronensaft · Salz · etwas Cayennepfeffer oder 2 Tropfen Tabasco · 2 gehackte Estragonblätter

- Zubereitungszeit: 45 Minuten.
- Etwa 265 Kalorien (1110 Joule) pro Person.

Den Estragonessig, die Pfefferkörner und die Schalotten zusammen in einem kleinen Topf fast ganz eindünsten, ohne daß sich die Zwiebeln verfärben. • Den Wein dazugeben und die Masse durch ein Sieb in eine Schüssel drücken. • Die Eigelbe unter kräftigem Rühren mit dem Schneebesen hineingeben und im Wasserbad zu einer dicken Creme schlagen. • Die Butter zerlassen, aber nicht heiß werden lassen. • Langsam die flüssige Butter zugießen, kräftig weiterschlagen. • Mit Zitronensaft, Salz und Cayennepfeffer oder Tabasco abschmecken, die Estragonblätter zufügen und im gewärmten Gefäß sofort servieren.

Kalbsjus

Für die Wassermenge kann ich eigentlich keine Angabe machen, da die Topfgröße dabei ausschlaggebend ist, daher auch der Spielraum in der Kochzeit.

Zutaten für ¼ Liter = 16 Eßlöffel:
1 Kälberfuß von etwa 750 g · 1 Zwiebel · 2 Thymianzweiglein · 1 Stück Staudensellerie (10 cm) · 1 kleiner Bund Petersilie · 1 Lorbeerblatt · 10 Pfefferkörner · Salz

- Zubereitungszeit: 5–6 Stunden.

Den Kälberfuß vom Metzger mehrmals einhauen lassen. • Mit Wasser bedeckt aufkochen und etwa 10 Minuten lang den Schaum immer wieder abschöpfen. • Die Zwiebel, den Thymian, den Staudensellerie, die Petersilie, das Lorbeerblatt und die Pfefferkörner dazugeben. • Bei sanfter Hitze 5–6 Stunden lang gerade am Kochen halten, so daß der Sud bis auf etwa ¼ Liter verkocht. • Heiß abseihen, nach Geschmack salzen, abkühlen und im Kühlschrank erstarren lassen. • Von der sulzigen Masse eßlöffelweise an Saucen geben oder den Bratfond damit auflösen und mit anderen Zutaten zur Sauce ausbauen.

Anmerkung: Bitte keine Schnellkocherei veranstalten. Sie bekommen sonst keine Kalbsjus sondern ein Süppchen.

Die besten Steakbegleiter
Kartoffeln, Salate und andere Zuspeisen

Manchmal ist mir zu einem Steak ein Stück französisches Weißbrot (Baguette) am liebsten. Man kann mit ihm den Fleischsaft auftunken, im übrigen ist der reine Fleischgeschmack vorherrschend und wird durch nichts gestört. Zum anderen sind verschiedene Formen von Kartoffeln ideal: die Franzosen lieben ihre »Bifteck-Pommes-frites-Beaujolais«-Kombination, die Amerikaner dagegen schwören auf »Baked Potato« zu ihren Riesensteaks und ich schätze manchmal auch schlichte Bratkartoffeln.

Der schlanken Linie förderlich sind alle Steak- und Salat-Kombinationen, wobei die Schüssel Salat der einzige Steakbegleiter ist. Geradezu köstlich zu blutigem Steak schmeckt Kresse, nur mit reichlich Zitronensaft angemacht: das feine Pfeffrige bringt die Kresse von Natur aus mit. Als besondere Steaksalate sind zu loben: Radieschen-, Rettich-, Grüne-Bohnen-Salat und ein Salat aus Zwiebelscheiben mit Tomaten oder – exotischer im Geschmack – mit Scheiben von saftigen Orangen.

Zwiebeln, geröstet, in der Fritüre gebacken oder in der Alufolie im Ofen oder auf dem Grill gebraten, ergänzen den Geschmack eines Steaks vortrefflich. Auch mit Brot kann man experimentieren: Es kann geröstet und warm, mit Knoblauchbutter gewürzt oder mit würziger Butter bestrichen serviert werden. Vergessen wir nicht die gegrillten Maiskolben, die feinen Gemüse wie Erbsen, Spargel und Möhren, die zum Entrecote gehören, und nicht den Yorkshire Pudding, der in England die klassische Beilage zum Porterhouse Steak ist.

Dieses alles finden Sie in diesem Kapitel: bei den einzelnen Rezepten empfohlen, in der Zubereitung aber nicht aufgeführt. Sie können natürlich nach Belieben kombinieren.

Pommes frites

Wichtig bei Pommes frites ist nicht die gleiche Länge der Kartoffelstäbchen, wohl aber die gleiche Dicke, damit sie zusammen gar werden.

Kartoffeln, Salate und andere Zuspeisen

Zutaten für 4 Personen:
1 kg Kartoffeln oder 1 Paket tiefgekühlte Pommes frites (500 g) · Fritierfett · grobes Salz

- Zubereitungszeit: 35 Minuten.
- Etwa 345 Kalorien (1445 Joule) pro Person.

Die Kartoffeln schälen und in gleichmäßig dicke Stäbchen schneiden, am besten mit einem Pommes-frites-Schneider. Dann wie die Strohkartoffeln zubereiten. • Unmittelbar vor dem Servieren mit etwas gröberem Salz bestreuen. • Tiefgekühlte Pommes frites werden unaufgetaut in das Fett gegeben und dreimal getaucht.

Strohkartoffeln

Diese unterernährten Pommes frites machen viel Arbeit und sind die klassische Beilage zum Porterhouse Steak.

Zutaten für 4 Personen:
1 kg Kartoffeln · Fritierfett

- Zubereitungszeit: 45 Minuten.
- Etwa 345 Kalorien (1445 Joule) pro Person.

Die Kartoffeln schälen und streichholzdünn schneiden. Mit der Pommes-frites-Maschine kann man sich nur soweit helfen, daß man zunächst Pommes frites schneidet und diese dann nochmals halbiert oder viertelt. Die Kartoffelstäbchen waschen und wieder abtrocknen. • Den Fett-Topf sehr stark oder eine elektrische Fritüre auf 190 Grad erhitzen. • Die gewaschenen und abgetrockneten Kartoffelstäbchen in das heiße Fett tauchen, goldgelb werden lassen, abtropfen und unmittelbar vor dem Servieren nochmals eintauchen, so daß sie ganz knusprig und fast braun werden.

Gebackene junge Kartoffeln

Esse ich am liebsten ungepellt mit grobem Salz und Butter zum Steak.

Zutaten für 1 Person:
3–4 neue längliche Kartoffeln · Öl oder Margarine · grobes Salz

Fett-Topf und Friteuse

Wichtig sind die Menge des Fettes und seine starke Erhitzung, damit sich das Fritiergut sofort rundum schließt und nicht mit Fett vollsaugen kann. Die Fettmenge muß viermal so groß wie die Kartoffelstäbchenmenge sein. 1 kg Kartoffeln brutto verbraucht 75 g Fett. Für Strohkartoffeln und Pommes frites habe ich mit reinem Biskin ohne andere Fettbeimischungen die besten Erfahrungen gemacht. Die Bräunung wird beschleunigt, wenn man den Fritiervorgang einmal unterbricht, das heißt: den Korb aus dem Fett nehmen, abtropfen lassen, wieder einsetzen. Tiefgekühlte Pommes frites werden unaufgetaut ein- oder zweimal kurz getaucht und dann erst ins Fett gehängt, bis sie goldgelb und knusprig sind.

- Zubereitungszeit: 60 Minuten.
- Etwa 200 Kalorien (835 Joule) pro Person.

Die Kartoffeln waschen, bürsten und abtrocknen. • Die Bratpfanne des Backofens mit Öl oder Margarine einfetten und die Kartoffeln drauflegen. • Im auf 200 Grad vorgeheizten Ofen knusprig backen lassen. Das dauert gut 50 Minuten. • Grobes Salz dazu auf den Tisch stellen.

Hirten-Kartoffeln

Eine Kartoffelzubereitung, die in Notzeiten auch ohne Fett mit zu den Köstlichkeiten gehörte.

Zutaten für 1 Person:
1–2 große Herbstkartoffeln · Öl oder Margarine · Salz · 1 Stückchen kalte Butter

- Zubereitungszeit: 40 Minuten.
- Etwa 220 Kalorien (920 Joule).

Die Kartoffeln waschen, bürsten, abtrocknen und halbieren, so daß möglichst große Schnittflächen entstehen. • Die Bratpfanne des Backofens mit Öl oder Margarine einfetten, die Kartoffelhälften mit der Schnittfläche drauflegen. • Im vorgeheizten Backofen bei 200 Grad auf der Mittelschiene mindestens 25 Minuten backen, bis die Schale dürr und krumpelig ist. • Die Schnittflächen salzen und mit Butter überglänzen.

Gebackene Kartoffeln in Folie

In Amerika, wo diese Kartoffelzubereitung zu Hause ist, nimmt man dazu die besonders großen, mehligen Idaho-Kartoffeln. Leider bei uns nur selten in Delikateßgeschäften zu ergattern.

Zutaten für 1 Person:
1–2 schöne große mehlige Kartoffeln · Butter

- Zubereitungszeit: 10 Minuten. Backzeit: 40 Minuten.
- Etwa 120 Kalorien (500 Joule).

Die Kartoffeln unter Wasser sauber bürsten, nicht abtrocknen. Einzeln in Alufolie wickeln und in den auf 200 Grad vorgeheizten Backofen oder auf den Rost des Grills (Elektro- oder Gartengrill) legen und gut 40 Minuten backen lassen. • Die Kartoffeln in der Folie servieren, diese an der Oberseite über Kreuz tief einschneiden und aufklappen. • Mit dem Kreuzschnitt ist auch die Kartoffel angeschnitten worden. Die Kartoffeln etwas zusammendrücken, so daß sie richtig aufspringen, und einen Stich Butter daraufsetzen.

Kartoffelrosetten

Eine äußerst dekorative Beilage zu großen und kleinen Steaks.

Zutaten für 4 Personen:
1 Paket Kartoffelpüreepulver · ⅝ l Milch · Muskatnuß · 2 Eigelbe · Öl oder Margarine

- Zubereitungszeit: 30 Minuten.
- Etwa 255 Kalorien (1065 Joule) pro Person.

Das Kartoffelpüree mit weniger Flüssigkeit als auf der Packung angegeben und nur mit Milch zubereiten, mit Muskatnuß kräftig übermahlen, etwas abkühlen lassen. Die beiden Eigelbe darunterschlagen. • Das Backblech einfetten. • Durch eine Spritztülle den Kartoffelteig in eßlöffelgroßen Rosetten auf das Backblech setzen. • Im vorgeheizten Backofen etwa 10 Minuten überkrusten. • Wie Plätzchen mit dem Bratenwender abnehmen und um das Steak anrichten.

Kartoffeln, Salate und andere Zuspeisen

Pommes de terre Anna

Die Anna-Kartoffeln werden wie ein Kuchen gebacken und geschnitten.

Zutaten für 4 Personen:
1 kg mittelgroße Kartoffeln · 4 Eßl. Butter oder Margarine · Salz · Pfeffer

- Zubereitungszeit: 1½ Stunden.
- Etwa 290 Kalorien (1215 Joule) pro Person.

Die Kartoffeln schälen und in gleichmäßig dicke Scheiben schneiden. • In einer schweren Eisenpfanne oder einer runden, flachen Kasserolle die Butter oder Margarine heiß werden lassen, die Kartoffelscheiben kreisförmig und dachziegelartig darin anordnen, dazwischen salzen und leicht pfeffern. So fortfahren und mehrere Kartoffelschichten übereinanderlegen. • Auf dem Herd anbraten lassen, dann in den auf 200 Grad vorgeheizten Backofen geben und in 1 Stunde gar und braun werden lassen. Nach 30 Minuten den Backofen auf 175 Grad umschalten und eventuell noch einmal Butterflöckchen aufsetzen.

Variante 1: Die Kartoffeln ungeschält 10 Minuten kochen, dann schälen und wie beschrieben verfahren. Der Geschmack ist dann aber nicht so kartoffelig wie bei den rohen Kartoffeln.
Variante 2: Zwischen die Kartoffellagen ganz wenig geriebenen Parmesan streuen.

Kartoffelgratin

Zutaten für 6 Personen:
600 g Kartoffeln · ½ l Milch · ½ l und ½ Tasse Sahne · 2 Teel. Salz · 1 Knoblauchzehe · Butter · schwarzer Pfeffer aus der Mühle · 1 Ei

- Zubereitungszeit: 2½ Stunden.
- Etwa 410 Kalorien (1715 Joule) pro Person.

Die Kartoffeln waschen, schälen und abtrocknen. In sehr feine, papierdünne Scheiben schneiden. • In den Kochtopf die Milch, ½ l Sahne, das Salz und einige Umdrehungen aus der Pfeffermühle geben, das Ei schlagen, daraufsetzen und verrühren. Das Ganze aufkochen lassen, vom Feuer nehmen. • Die Gratinierplatte mit Knoblauch ausreiben, buttern. Die Kartoffelscheiben hineingeben. • Mit dem heißen Gemisch aus dem Kochtopf übergießen und die Flüssigkeit mit einer Gabel sehr vorsichtig mit den Kartoffelscheiben vermischen. Im auf 150 Grad vorgeheizten Ofen 2 Stunden gratinieren lassen. Die Bratzeit kann je nach Kartoffelsorte beträchtlich schwanken, deshalb durch Einstechen prüfen, ob die Kartoffeln gar sind. • Aus dem Ofen nehmen, die ½ Tasse Sahne zugeben, dabei das Überbackene vorsichtig einschneiden, damit die frische Sahne eindringen kann. • Noch einmal für knapp 10 Minuten in den Ofen schieben und goldbraun überbacken lassen. Heiß servieren.

Kartoffelkroketten

Hier die Handmade-Form mit ganzem Rezept. Wer Zeit sparen will, nimmt Krokettenpulver.

Zutaten für 4 Personen:
1 kg Kartoffeln · 1 Ei · 1 Eßl. Butter · 1 gestrichener Eßl. Mehl · Salz · geriebene Muskatnuß · 100 g geriebener Parmesan oder · 175 g feingeschnittener gekochter Schinken · 2 Eiweiße · 6–8 Eßl. Paniermehl (Semmelbrösel) · Fritierfett

- Zubereitungszeit: 55 Minuten.
- Etwa 600 Kalorien (2510 Joule) pro Person.

Die Kartoffeln mit der Schale kochen, pellen und durchpressen. • Fast kalt mit dem Ei, der Butter und dem Mehl verarbeiten, mit Salz und geriebener Muskatnuß würzen. • Diesen Teig oder nach Anweisung zubereitetes Kartoffelpulver je nach Geschmack entweder mit dem geriebenen Käse oder dem geschnittenen Schinken verkneten. • Aus dem Teig Kroketten formen. • Die Eiweiße schlagen und die Kroketten darin drehen, dann in Paniermehl wenden. • Bei 175 Grad in der Fritüre 3 Minuten backen, abtropfen lassen, nochmals kurz tauchen, wieder abtropfen lassen.

Variante: Wälzen wir die Kroketten außer in Semmelbröseln noch in Mandelsplittern, erhalten wir die vornehmeren Pommes Berny.

Warschauer Bratkartoffeln

Wenn ich es eilig habe, nehme ich dazu gekochte Kartoffeln aus Glas oder Dose. Sie sind ausgezeichnet, vor allem aber gleich groß und unerhört sorgfältig und gleichmäßig geschält.

Zutaten für 4 Personen:
1 kg kleine gleichgroße gekochte Kartoffeln · 4 Eßl. Butter oder Margarine · 3 Eßl. Semmelbrösel · 1 hartgekochtes Ei · 1 Eßl. gehackte Petersilie.

- Zubereitungszeit: 15 Minuten.
- Etwa 340 Kalorien (1425 Joule) pro Person.

Die gepellten kalten Kartoffeln der Länge nach halbieren. In reichlich heißer Butter oder Margarine in der Pfanne wenden, dann mit Semmelbröseln überstreuen und schön braun braten. • Das Ei kleinhacken und die Kartoffeln mit Ei und Petersilie überstreut servieren.

Pommes Chips aus der Tüte

Die schnellsten Steakbegleiter, die man sich wünschen kann.

Zutaten für 4 Personen:
1 Eßl. Butter oder Margarine · 1 Tüte Pommes Chips (150 g) · 1 Prise Knoblauchsalz oder 1 Knoblauchzehe

- Zubereitungszeit: 5 Minuten.
- Etwa 240 Kalorien (1005 Joule) pro Person.

Die Butter oder Margarine in einer teflonbeschichteten Pfanne erhitzen. Die Pommes Chips mit Knoblauchsalz nach Geschmack würzen oder die Knoblauchzehe ganz fein hacken und mit den Pommes Chips in das heiße Fett geben. Unter Rütteln 2 Minuten erhitzen. Sofort auftragen.

Knusper-Zwiebelringe

Zutaten für 4 Personen:
3 große Zwiebeln · $^1/_4$ l Milch · 6 Eßl. Mehl · Fritierfett · Salz

- Zubereitungszeit: 25 Minuten. Marinierzeit: 1 Stunde.
- Etwa 190 Kalorien (795 Joule) pro Person.

Die Zwiebeln in dicke Ringe schneiden, so breit wie ein moderner Ehering, und 1 Stunde in die Milch legen, damit sie ihre Schärfe verlieren. Abgießen, abtropfen lassen, in dem Mehl wenden, abklopfen und im Fett-Topf leicht bräunen, abtropfen lassen und noch einmal in das heiße Fett tauchen. • Wie die Pommes frites erst unmittelbar vor dem Servieren salzen. • Über Steaks häufen oder gesondert servieren.

Zwiebeln in Alufolie

Dies dürften die süßesten Zwiebeln sein, die Sie vermutlich je gegessen haben.

Zutaten für 1 Person:
2 mittelgroße Zwiebeln · Pfeffer · Salz · Olivenöl

- Zubereitungszeit: 1½ Stunden.
- Etwa 65 Kalorien (270 Joule).

Die ungeschälten Zwiebeln einzeln in Alufolie packen (wie die Kartoffeln in unserem Rezept auf Seite 94) und in dem auf 200 Grad vorgeheizten Ofen etwa 1½ Stunden backen. • Beim Gartengrill die Päckchen mit auf den Rost stellen oder sogar in die Glut packen. • Wenn man die Zwiebeln aus der Folie herausnimmt, platzen die Schalen ab. • Pfeffer und Salz und ein wenig Olivenöl darübergeben.

Ringelzwiebeln

Zutaten für 4 Personen:
4 große Zwiebeln · 3 Eßl. Öl · 1 Eßl. Essig · 2 Eßl. Rotwein · Salz · Pfeffer · Zucker

- Zubereitungszeit: 25 Minuten.
- Etwa 90 Kalorien (375 Joule) pro Person.

Die Zwiebeln schälen und in dicke Scheiben schneiden. • Das Öl in der Pfanne erhitzen. • Die Zwiebelringe voneinander lösen, in das heiße Öl geben und darin dünsten und braten, bis sie gerade anfangen, sich zu bräunen. • Den Essig mit dem Wein, Salz, Pfeffer und Zucker verrühren, dazugießen und kurz aufkochen lassen. Vom Feuer nehmen, abkühlen lassen und abgießen.

Marinierte Zwiebeln

Als Beilage zu großen Steaks wie Sirloin oder Porterhouse besonders gut.

Zutaten für 4 Personen:
500 g Schalotten oder kleine Zwiebeln · 3 Eßl. Öl · ¼ l Portwein · Pfeffer · 1 Teel. getrocknetes Basilikum

- Zubereitungszeit: 45 Minuten.
- Etwa 205 Kalorien (860 Joule) pro Person.

Die Schalotten (oder möglichst kleine, gleichgroße Zwiebeln) schälen, in heißem Öl rundum bräunen. • Mit Portwein aufgießen, pfeffern, das Basilikum zerreiben und dazugeben. Zugedeckt 15 Minuten sanft köcheln lassen.

Zwiebelkompott mit Kastanien

In meiner Kochbuchsammlung steht ein schmales Bändchen, das den Titel »L'antisteak« trägt. Eine Kampfansage an die Gewohnheit der Pariser, sechsmal in der Woche »Bifteck-Pommes-frites-Beaujolais-Café« zu genießen. Ich fand darin folgendes Rezept, das mir wiederum passend zu einem T-Bone oder Porterhouse Steak erscheint. Wenn es auch nicht im Sinne der Autoren ist. Ich habe es etwas abgewandelt.

Zutaten für 4 Personen:
1,5 kg große Zwiebeln · 100 g Schweinebauch · 2 Eßl. brauner Zucker · 5 Eßl. Weinessig · 2 Nelken · Pfeffer · Salz · 50 g Butter · 250 g Kastanien · gesalzenes Wasser

- Zubereitungszeit: 2½ Stunden.
- Etwa 550 Kalorien (2300 Joule) pro Person.

Die Zwiebeln schälen und in Scheiben schneiden. • Den Schweinebauch würfeln. In eine schwere Kasserolle geben, die Zwiebeln darüberschichten. • Den Zucker und den Essig mit den Nelken aufkochen, angießen, pfeffern und salzen. • Bei sanfter Hitze 2 Stunden köcheln lassen, ab und zu umrühren und jeweils 1 Stich Butter dazugeben. Gleichzeit die Kastanien weich kochen, schälen und 10 Minuten vor Kochende in das sämige Zwiebelkompott geben.

Knoblauchbrot

Bei mir hängt das Mischungsverhältnis Butter-Knoblauch davon ab, was meine Gäste oder ich am anderen Tag vorhaben.

Zutaten für 4–8 Personen:
1 Weißbrot (500 g) • Knoblauch nach Geschmack • 150 g Butter

- Zubereitungszeit: 45 Minuten.
- Etwa 615/310 Kalorien (2575/1300 Joule) pro Person.

Ein Weißbrot (am besten ein langes französisches) in Scheiben schneiden, aber so, daß das Brot unten noch zusammenhängt. • Den Knoblauch an die Butter pressen, gut vermischen und zwischen jeden Schnitt des Weißbrotes streichen, das Brot zusammendrücken und fest in Alufolie wickeln. • Das Paket in den auf 200 Grad vorgeheizten Backofen schieben und etwa 30 Minuten backen lassen. Warm zu Steaks servieren.

Variante: Brötchen vom Vortag in Scheiben schneiden oder halbieren und mit Knoblauchbutter bestreichen, mit Mohn bestreuen und auf dem Backblech 15 Minuten backen oder im Grill toasten.

Feine Landbrotscheiben

Zutaten für 4 Personen:
½ Teel. Kümmel • ½ Teel. Fenchelsamen • 125 g Butter • 2 große Scheiben Holzofenbrot

- Zubereitungszeit: 10 Minuten.
- Etwa 290 Kalorien (1215 Joule) pro Person.

Kümmel und Fenchelsamen im Mörser zerstoßen und mit der Butter verkneten. • Das Landbrot dick mit der gewürzten Butter bestreichen und in Streifen schneiden. Zum Steak servieren.

Brunnenkressesalat

Um Brunnenkresse zu bekommen, muß man schon auf einen Gemüsemarkt gehen, denn sie wird leider wenig angeboten.

Zutaten für 4 Personen:
1 Bund Brunnenkresse • 2 Eßl. Weinessig • 3 Eßl. Olivenöl • ½ Teel. Senf • 2 Teel. Zukker • Salz • schwarzer Pfeffer • frische Minze

- Zubereitungszeit: 15 Minuten.
- Etwa 80 Kalorien (335 Joule) pro Person.

Die Brunnenkresse waschen, abzupfen, grobe Stiele entfernen. • Aus dem Essig, dem Öl, dem Senf, dem Zucker, Salz und frischgemahlenem schwarzen Pfeffer eine Marinade rühren und unter die Kresse heben. • Die Minze feinhacken und den Salat damit bestreuen.

Champignonsalat

Rohe Champignons machen enormen Durst und verlangen viel zu trinken, aber das darf ja sein.

Zutaten für 4 Personen:
400 g frische Champignons • Salz • Pfeffer • Saft von 2 Zitronen • 1 Knoblauchzehe • 4 Artischockenböden (Dose) • 2 Eßl. Crème fraîche (siehe Kasten Seite 38) • 6 Eßl. Olivenöl • 1 Teel. Essig • Gewürzmischung Fines Herbes • einige Kopfsalatblätter

- Zubereitungszeit: 20 Minuten. Marinierzeit: 1 Stunde.
- Etwa 190 Kalorien (795 Joule) pro Person.

Die Champignons putzen und in feine Scheiben schneiden, sanft salzen und pfeffern und mit dem Saft der Zitronen 1 Stunde ziehen lassen. • Wenn Sie es mögen, die Knoblauchzehe zerquetschen und hinzufügen oder vorher die Schüssel mit der Knoblauchzehe ausreiben. • Die Artischockenböden in schmale Streifen schneiden und zu den Champignons geben. • Die Crème fraîche mit Salz und Pfeffer würzen, das Öl löffelchenweise dazurühren und zum Schluß noch ein wenig Essig zufügen. Die Fines Herbes fein zerrieben hineinrühren, die Sauce über Pilze und Artischocken geben. • Den Kopfsalat verlesen und waschen und den Pilzsalat auf den Salatblättern anrichten: Jeweils 1 gefülltes großes Blatt zu 1 Steak.

Variante: Aus jungen frischen Artischocken die Böden herausschneiden und roh ganz fein geschnitten zum Salat geben, wodurch er – wenn möglich – noch raffinierter wird.

Chicorée-Orangen-Salat

Abgesehen davon, daß dieser Salat zu allen Arten von Steaks gut schmeckt, eignet er sich auch vorzüglich als Vorspeise.

Zutaten für 4 Personen:
3 Orangen • 4 Chicoréestauden • einige Tropfen Tabasco oder 1 Messerspitze Cayennepfeffer • 3 Eßl. Olivenöl • 1 Eßl. Weinessig • Salz • Pfeffer • Petersilie • 10 gefüllte spanische Oliven

- Zubereitungszeit: 20 Minuten.
- Etwa 130 Kalorien (545 Joule) pro Person.

Die Orangen schälen, in Spalten zerteilen und diese enthäuten. Den Saft auffangen. • Den Chicorée putzen, den bitteren Keil unten herausschneiden. Die Stauden in dicke Ringe schneiden. • Den Tabasco oder Cayennepfeffer mit dem Öl gut verrühren, den Orangensaft, den Weinessig, Salz und frischgemahlenen Pfeffer zugeben. • Die Petersilie feinhacken, mit den Orangen und dem Chicorée mischen. • Mit der Marinade übergießen. • Die Oliven halbieren und darauf verteilen.

Radieschensalat

Diesen und den folgenden Salat schätze ich sehr, da beide besonders erfrischend sind.

Zutaten für 4 Personen:
4 Bunde Radieschen • Salz • 1 Eßl. Weinessig • 3 Eßl. Öl • Pfeffer • 1 Bund Schnittlauch • 1 hartgekochtes Ei

- Zubereitungszeit: 15 Minuten.
- Etwa 100 Kalorien (420 Joule) pro Person.

Die Radieschen waschen und in hauchdünne Scheibchen schneiden, leicht salzen. • Aus dem Weinessig, dem Öl und Pfeffer eine Marinade rühren, darübergießen. • Den Schnittlauch und das Ei feinhacken und darüberstreuen.

Variante: Nur 1 Eßlöffel Öl und 1 Becher saure Sahne zur Marinade verwenden.

Rettichsalat

Zutaten für 4 Personen:
2 Rettiche • Salz • ½ Salatgurke • 1 Eßl. Weinessig • 2 Eßl. Öl • Pfeffer • 1 Prise Zucker

- Zubereitungszeit: 20 Minuten. Marinierzeit: 30 Minuten.
- Etwa 60 Kalorien (250 Joule) pro Person.

Die Rettiche schälen, raffeln, einsalzen und 30 Minuten stehenlassen. Dann ausdrücken. • Die Salatgurke in Scheiben hobeln, unter den Rettich heben. • Aus Essig und Öl, viel Pfeffer und dem Zucker eine Marinade rühren, unterheben und sofort servieren.

Rote-Bete-Apfel-Salat

Ohne genaue Maßangaben haben uns die Sherlock-Holmes-Biographen diesen Lieblingssalat des großen Detektivs überliefert. Ich habe ihn in der folgenden Mischung für mich zubereitet.

Zutaten für 4 Personen:
1 große gekochte rote Bete • 2 große gekochte Kartoffeln • 2 große säuerliche Äpfel • Eßl. Zitronensaft • 6 Eßl. Mayonnaise • 4 Eßl. Sahne • Salz • Pfeffer • ½ Röhrchen Kapern

- Zubereitungszeit: 25 Minuten.
- Etwa 400 Kalorien (1675 Joule) pro Person.

Die rote Bete und die Kartoffeln schälen, vierteln und in feine Scheiben schneiden. • Die Äpfel schälen, entkernen, in etwas dickere Scheiben schneiden und mit reichlich Zitronensaft beträufeln. • Die Mayonnaise mit der Sahne verdünnen. • Die Salatzutaten mischen, salzen und pfeffern, dann die Mayonnaise unterziehen. • Mit Kapern bestreut anrichten.

Zwiebel-Orangen-Salat

Orangen werden leider viel zu wenig für Salate verwendet. Ich benutze eine Orange gerne samt Saft als Zutat zu allen möglichen Kombinationen.

Zutaten für 4 Personen:
3 Orangen • 2 Zwiebeln • 2 Eßl. Zitronensaft • 3 Eßl. Olivenöl • 1 Teel. Zucker • Salz • grobgemahlener Pfeffer

- Zubereitungszeit: 25 Minuten.
- Etwa 120 Kalorien (500 Joule) pro Person.

Die Orangen schälen und das Weiße mit einem scharfen Messer abziehen. Die Spalten enthäuten und entkernen und in Stückchen schneiden, den ausfließenden Saft auffangen. • Die Zwiebeln feinhacken und mit den Orangenstückchen mischen. In einer Salatschüssel anrichten. • Den Orangen- und den Zitronensaft mit dem Öl, dem Zucker und Salz verrühren. Die Marinade über die Salatzutaten gießen, durchheben und mit dem Pfeffer überstreuen.

Variante: Geschälte und enthäutete Orangen in dickere, eine Zwiebel in dünne Scheiben schneiden, abwechselnd in Kranzform legen, mit der Marinade begießen.

Kartoffeln, Salate und andere Zuspeisen

Maiskolben gegrillt

Gegrillte Maiskolben sind eine erlesene Steakbeigabe. Wenn keine frischen Kolben auf dem Markt erhältlich sind, nehmen wir tiefgekühlte oder solche aus der Dose.

Zutaten für 4 Personen:
4 Maiskolben · 4 Eßl. Butter · Pfeffer

- Zubereitungszeit: 25 Minuten.
- Etwa 175 Kalorien (735 Joule) pro Person.

Die Kolben rundum mit Butter bestreichen, auf den Grill geben und in 20 Minuten – unter mehrmaligem Wenden – goldbraun grillen. • In die Enden Maiskolbenhalter oder Zahnstocher stekken. • Bei Tisch mit Pfeffer übermahlen.

Maiskolben in der Folie

Zutaten für 4 Personen:
1 Bund Schnittlauch · 2 Päckchen Gervais oder Philadelphia-Käse · Rosenpaprika · Knoblauchsalz · Pfeffer · 4 Maiskolben

- Zubereitungszeit: 25–30 Minuten.
- Etwa 140 Kalorien (585 Joule) pro Person.

Den Schnittlauch feinhacken, mit dem Käse und den Gewürzen abrühren. • Jeden Kolben mit dieser Creme rundum dick bestreichen. • In Alufolie wickeln und die Päckchen im Ofen bei 200 Grad 20 Minuten lang backen – auf dem Grill brauchen sie gute 15 Minuten. • In der aufgeschnittenen Folie servieren.

Gegrillter Schafskäse

Zutaten für 4 Personen:
8 kleine Tomaten · 1 Eßl. Butter · Zwiebelsalz · Basilikum · 300 g bulgarischer Schafskäse · Öl

- Zubereitungszeit: 30 Minuten.
- Etwa 320 Kalorien (1340 Joule) pro Person.

Die Tomaten mehrfach einschneiden und mit der Butter bestreichen. Mit Zwiebelsalz und Basilikum würzen. • Den Grill vorheizen. • Den Schafskäse in Scheiben schneiden. • Die Scheiben nebeneinander in eine flache, feuerfeste, dünn geölte Form legen, die Tomaten danebensetzen und die Form in den vorgeheizten Grill schieben. • So lange grillen, bis der weiße Käse goldbraun geworden ist. • Jeweils 2–3 Scheiben Käse auf das Steak legen, die Tomaten daneben.

Bacon gegrillt

Zutaten für 4 Personen:
6 Eßl. Senf · 2 gestrichene Teel. Puderzucker · 8 Scheiben Frühstücksspeck

- Zubereitungszeit: 15 Minuten.
- Etwa 115 Kalorien (480 Joule) pro Person.

Den Senf und den Puderzucker mischen. • Den Frühstücksspeck von beiden Seiten mit dieser Mischung bestreichen und auf den Grillrost legen. Grillen, bis der Speck knusprig geworden ist. • Steht kein Grill zur Verfügung, gibt man die auf einer Seite bestrichenen Speckscheiben mit der Senfseite nach oben in eine trockene Pfanne und läßt den Speck bei starker Hitze knusprig werden. Das raucht zwar kräftig, schmeckt aber ausgezeichnet. • Steaks damit belegen.

Spannakopita

Diese Spinatpastete ist mein ganz persönlicher Steakbegleiter, der einige Arbeit macht. Doch kann ich mir gut denken, daß er auch Ihnen gut schmecken wird.

Zutaten für 6–8 Personen:
3 Eßl. Olivenöl • 2 Zwiebeln • 1 Bund Schnittlauch • 1 kg frischer Spinat • 1 Bündchen frischer oder 1 Eßl. getrockneter Dill • 1 Bund glattblättrige Petersilie • ½ Teel. Salz • Pfeffer • 3 Eßl. Milch • 250 g bulgarischer Schafskäse • 4 Eier • 250 g zerlassene Butter • 8 Lagen (etwa 250 g) backfertig ausgezogener Strudelteig von 30×40 cm

- Zubereitungszeit: 40 Minuten. Backzeit: 50 Minuten.
- Etwa 795/595 Kalorien (3330/2490 Joule) pro Person.

Das Olivenöl erhitzen, die Zwiebeln und den Schnittlauch hacken, hineingeben und weich und glasig werden lassen, nicht bräunen. • Den Spinat waschen, verlesen, hacken und dazurühren, den Topf für 5 Minuten zudecken. • Den Dill und die Petersilie feinhacken und zusammen mit dem Salz und einigen Prisen Pfeffer zugeben. Ohne Deckel unter ständigem Wenden dünsten, bis alle Flüssigkeit verdampft ist. • Die Milch dazurühren. Auf Zimmertemperatur abkühlen lassen. • Den Käse zerbröckeln, untermischen, dann die Eier langsam darunterschlagen. Abschmecken. • Boden und Seitenwände einer flachen, rechteckigen, feuerfesten Form (etwa 30×18×5) mit etwas zerlassener Butter auspinseln. • Mit einer Strudelteiglage sorgfältig auskleiden. Die Teigoberfläche – einschließlich der Kanten, die über die Ränder heraushängen – mit zerlassener Butter bepinseln. Darauf die nächste Teiglage, wieder buttern und so fort, bis 5 Teiglagen übereinander liegen. Den Spinat gleichmäßig darauf verteilen. Die überhängenden Teigränder über den Spinat schlagen, mit Butter einpinseln. • Die restlichen Teiglagen mit Butter bepinseln, aufeinanderlegen und so falten, daß sie die Pastete ganz abdecken. Dick mit der restlichen zerlassenen Butter bestreichen. • Im auf 175 Grad vorgeheizten Backofen 50 Minuten backen. • In Rechtecke schneiden und zu allen Arten von Steaks servieren.

Yorkshire Pudding 1977

Die klassische Beilage zum Porterhouse Steak hat einen sagenhaften Ruf, ist in der heutigen Zubereitung in salzig etwa das, was in Süddeutschland Kuchenmichel genannt wird. So kann sich hier im Süden jeder gleich vorstellen, daß er, obwohl aus wesentlich kräftigeren Zutaten, genauso anfällig wie ein Soufflé ist.

Zutaten für 4 Personen:
4 Eier • 12 gestrichene Eßl. Mehl • 3 Eßl. Wasser • Bratfett von Steak • gehackte Petersilie • Salz • geriebene Muskatnuß

- Zubereitungszeit: 45 Minuten.
- Etwa 310 Kalorien (1300 Joule) pro Person.

Aus den Eiern, dem Mehl und dem Wasser einen Pfannkuchenteig herstellen und diesem etwas ausgebratenes Fett (vom Porterhouse Steak), gehackte Petersilie, Salz und geriebene Muskatnuß zugeben. • Den Teig etwa 2 cm dick in eine Bratpfanne oder flache Kasserolle gießen und im auf 225 Grad vorgeheizten Backofen 30 Minuten backen. • In verschobene Vierecke schneiden und zum Porterhouse Steak (oder auch Rumpsteak) servieren.

Was man zu Steaks trinkt

Vorschläge für Bier und Wein

Bei einer Reihe von Rezepten habe ich spezielle Vorschläge gemacht: Getränke, die nach meiner Meinung am besten zu dem jeweiligen Rezept passen. Sie können sie befolgen oder auch nicht.

Es gibt allerdings eine Regel, die man befolgen sollte: Steak ist ein herzhaftes, man kann sagen männliches Essen, das ein ebenso herzhaftes Getränk verlangt. Die amerikanische Sitte, zu Steaks Milch oder Cola zu trinken, läßt mich schaudern genauso wie die Verirrung deutscher Manager und Geschäftsleute, die sich zu Steaks schwarzen Johannisbeersaft bestellen, wie man mittags in Restaurants beobachten kann. Dabei wird der schwarze Johannisbeersaft wohl weniger wegen seines Geschmacks gewählt als wegen seines Images von Gesundheit, Fitneß und Schlankheit. Man ißt ein Steak, um schlank zu bleiben, und trinkt gesunden Fruchtsaft dazu. Eine verbreitete, wenn auch falsche Meinung: der vielgerühmte und beliebte Saft hat genauso viele Kalorien wie die gleiche Menge Bier oder Wein. Wer mittags keinen Alkohol trinken möchte, weiche auf das neutrale Mineralwasser aus. Mit Wasser schmeckt ein Steak hundertprozentig nach Steak.

Es soll auch Menschen geben, die zum Steak Whisky trinken. Das ist zwar ungewöhnlich, erfordert ein großes Standvermögen, zeigt aber in gewissem Sinne Stil. Schottischen Stil.

Bier schmeckt immer

Ein ideales Getränk zum Steak ist Bier. Und da ein Steak hochwertiges Fleisch ist, sollte man auch hochwertige Biere dazu servieren. Ich denke hier an die Biere Pilsener Brauart: untergärig, von hopfenherbem (trockenem) Geschmack, von frischem, sauberem und herbem Geruch, von hellgoldener Farbe, mit festem, schönem Schaum und von einer Vollmundigkeit, bei der sich Würze und Hopfenbittere die Waage halten. Auf dem deutschen Pilsmarkt gibt es eine Qualitätsabgrenzung: die Premium-Pilsener. Bei ihnen wird die Qualität besonders hochgehalten, sie sind überregional bis national verbreitet, und ihre Hersteller betreiben eine solide Preispolitik, was vor allem heißt, daß man sie nicht als Billigangebote findet. Es sind dies die Marken Bitburger Pils, Fürstenberg Pils, Jever Pils, König Pils, Krombacher Pils, Veltins Pilsener, Warsteiner Pilsener und das Pilsner Urquell aus Pilsen, das Vor- und Urbild dieser Biere. Ein besonderer Genuß, wenn diese Biere in einem Restaurant gepflegt aus dem Faß gezapft werden.

Ein ganz vorzügliches Steakbier (zum Porterhouse schon aus Stilgründen obligatorisch) ist Guinness Extra Stout, ein sattschwarzes, herbes Bier aus Irland (und England). Der Stammwürzegehalt des Flaschenbieres auf dem europäischen Markt beträgt 12 Prozent, des in England und Irland vom Faß gezapften 10 Prozent. Nach der obergärigen Braumethode und einem sehr strengen Reinheitsgebot gebraut, ist es das beliebteste Exportbier der Welt. Der Geschmack ist ausgeprägt (durch starke Hopfung und die Zugabe von gerösteter Gerste zum Malz), der braune Schaum besonders sahnig und standfest. Guinness sollte man aus Guinness-Gläsern trinken, die genau eine Flasche fassen. Auch das rheinische Altbier möchte ich zu Steaks empfehlen. Es ist herb und gesund dazu.

Die normalen Hellen oder die bayerischen Biere kann man natürlich auch trinken, wenn man sie gerne mag. Sie sind nicht so speziell für Steaks geeignet. Ich zum Beispiel trinke auch gerne ein Weißbier zum Steak.

Exkurs über den Steak-Rotwein

Mir geht es mit den Weinen wie anderen Männern meines Alters mit den Mädchen, je älter ich werde, desto jünger und frischer liebe ich sie. Das geht Hand in Hand mit einer sich mehr und mehr verstärkenden Vorliebe: die Rotweine sollen fruchtig, auf keinen Fall süß sein, die Trinktemperatur kühl bis kalt. Für mich ist der Rotwein ein Getränk, mit dem man auf geschmacklich höchst unterschiedliche Weise ein Steak begleiten, Bissen herunterspülen und die Lust auf Flüssiges befriedigen wie seinen Durst stillen kann.

Noch immer gibt es das Vorurteil, das besagt, alle Rotweine sollen alt sein. Man kann einen Bordeaux (die Spitzengewächse ausgenommen) nach zwei, drei Jahren gut trinken und sollte die meisten nach fünf Jahren getrunken haben. Beaujolais dagegen wird immer jung und frisch getrunken, auch die Crus trinkt man zwei- bis dreijährig. Crus sind die besseren Sorten wie der Juliénas, der Chiroubles, der Fleurie oder der Moulin-à-Vent. Beaujolais nouveau oder primeur, den Wein der neuen Ernte, den man vom gleichen Jahr schon Mitte bis Ende November bekommt, sollte man, je nach Qualität, bis zum Frühlingsanfang des folgenden Jahres getrunken haben. Auch er ist ein schöner Wein zu Steaks. Ich habe mit den Beaujolais aus dem Hause Duboeuf, Romanèche-Thorins, die allerbesten Erfahrungen gemacht. Es ist mein Hauswein, besonders der Beaujolais Villages. Ihn serviere ich mit 12 Grad, den Beaujolais nouveau mit 11, wenn wir ihn aus dünnwandigen Gläsern trinken. Manchmal, zu großen Steaks, gibt es rustikale, dickwandige Gläser. Da sich in ihnen Flüssigkeit schneller erwärmt, schenke ich ihn dann mit 10 Grad aus. Wieso ich das so präzise kann? Ich besitze spezielle Weinkühlschränke.

Weitere Steak-Rotweine: Schloß Kaltenburg (Kalterer See); Chianti Classico Villa Antinori; Barolo DOC; Oberingelheimer Unft; Bordeaux und Burgunder.

Zu Steak Weißwein?

Nach den alten Regeln »Rotes Fleisch, roter Wein« geht das nicht. Ich stehe aber auf dem Standpunkt, daß man sich beim Weintrinken nicht von Regeln einschränken lassen soll und das trinken darf, was einem schmeckt. Und warum nicht Weißwein zum Steak?

Da ich zu den »Trocken-Fanatikern« gehöre, kann und will ich Ihnen nur trockene Weine andienen. Ich möchte mit den Elsässer Rieslingen anfangen, dann liebe ich den Soave Classico, frisch und belebend; aus der Schweiz den Yvorne Les Serpents, dessen Feuersteingeschmack so gut zu einem blutigen Steak paßt. In dieser Aufzählung dürfen die weißen Burgunder nicht fehlen, ebensowenig wie der Chablis, den man aber meist seines Namens wegen überzahlen muß. Auf jeden Fall sollten Sie zugreifen, wenn Sie einen weißen Beaujolais bekommen können. Bei den Frankenweinen bin ich auf Würzburger Innere Leiste Müller-Thurgau und Würzburger Pfaffenberg Silvaner eingeschworen.

Natürlich ist zum Steak auch Rosé möglich, ich kann ihm aber nichts abgewinnen. Rosés sind mir zu indifferent. Selbst ein trockener Rosé ist für mich ein flüssiger Kompromiß: Wenn man sich nicht für Weiß oder Rot entscheiden kann oder wenn im Lokal einer Fisch ißt und der andere Steak, einigt man sich, um des lieben Portemonnaies willen auf Rosé.

Rezept- und Sachregister

Anatomie des Ochsen, die 29
à point 23
Aufteilung eines halben Ochsen – international 32, 33

Bacon gegrillt 101
Barbecue Mop für T-Bone Steaks 88
Barbecue Mop, Walter Jettons 87
Beefsteak à la Mayer 81
Beefsteak à la Nelson 61
Beefsteak mariniert 79
Beefsteak nach Prager Art 77
Beefsteakrolle 78
Beefsteak Szekszárder Art 78
bien cuit 23
Bier zum Steak 103
Bistecca alla fiorentina 68
Bistecca di manzo alla pescatore 77
blau 23
bleu 23
Boeuf à la ficelle 46
Boeuf Nishnij Nowgorod 83
Braten von Steaks, das 20
Bratkartoffeln, Warschauer 96
Brat- und Grillzeiten für Steaks aller Art, Tabelle der 24
Brot, Knoblauch- 98
Brunnenkressesalat 98

Carpaccio alla veneto 80, 89
Carpetbag Steak 41
Champignonsalat 99
Chateaubriand 48
Chateaubriand, das klassische 47
Chateaubriand Henri IV 48
Chateaubriand nach Art des Herrn Pfarrer Kneipp 49
Chateaubriand Stroganow 48
Chicorée-Orangen-Salat 99
Crème fraîche 38
crisp 23

Dreimal gebratenes Rindfleisch 82
durchgebraten 23

Einkauf von Steaks 15
Elektromesser 25
englisch 23
Englische Pimentbutter 87
Entrecote 30
Entrecote bordelaise 63
Entrecote Dimitri 66
Entrecote fromage 66
Entrecote mit Aioli 65
Entrecote, Pariser 64
Entrecote südfranzösische Art 64
Entrecote Weinhändler 65
Estragonbutter 86
Estragonsteak mit Wein 73

Fett-Topf und Friteuse 93
Filet 30
Filet am Stück 82
Filet Mignon bürgerlich 55
Filet Mignon klassisch 55
Filets Mignons 55
Filetsteak à la moutarde 37, 44
Filetsteak auf Gänseleberpastete 38
Filetsteak kalt 46
Filetsteak Maurice 39
Filetsteak mit Sangrita 37
Filetsteak mit 2× Käse 45
Filetsteak nach belgischer Art 37
Filetsteak Schloß Favorite 39
Filet Wellington, Mini- 42
Flambieren von Steaks, das 22
Flandrisches Grillsteak 64, 71
Fleischgabel 25
Fondue bourguignonne 82
Französisches Filetsteak 49, 53
Französisches Steak 41
Friteuse, Fett-Topf und 93

Gebackene junge Kartoffeln 93
Gebackene Kartoffeln in Folie 94
Gebackenes Porterhouse 70
Gefüllte Rumpsteaks 60
Gegrillter Schafskäse 101
Grill 26
Grillen von Steaks, das 21
Grillsteak, flandrisches 64, 71
Grünes Pfeffersteak 40, 43

Handwerkszeug der Steakküche 25
Hirten-Kartoffeln 94
Hochrippensteak 30
Hochrippensteak mit viel Sauce 76

Innenansichten der Steaks 17, 23

Kalbsjus 91
Kartoffelgratin 95
Kartoffeln, gebackene junge 93
Kartoffeln, Hirten- 94
Kartoffeln in Folie, gebackene 94
Kartoffelrosetten 94
Kaviar 77
Kluftsteak 31
Knoblauchbrot 98
Knoblauchbutter 87
Knusper-Zwiebelringe 96
Kobe-Erinnerungssteak 45
Komplizierte Kräuterbutter 87
Kräuterbutter, komplizierte 87
Kräuterbutter Maître d'hôtel auch Haushofmeister Art 86
Kräutersteak 42
Küchenzange 26

Lendenstück 30

Maiskolben in der Folie 101
Marinierte Zwiebeln 97
medium 17, 23
medium-well done 17, 23
Meerrettichbutter 87
Mein Ochsenkotelett 75, 90
Minifilet Wellington 42

Ochsenkotelett, mein 75, 90

Palette 26
Pariser Entrecote 64
Pariser Pfeffersteak 18, 40
Pfanne 26
Pfannenwender 26

Rezept- und Sachregister

Pfeffersteak, grünes 40, 43
Pfeffersteak mit Sauce flambée 70
Pfeffersteak, Pariser 18, 40
Pimentbutter, englische 87
Pommes Chips aus der Tüte 96
Pommes de terre Anna 95
Pommes frites 92
Porterhouse, gebackenes 70
Porterhouse Steak 30
Porterhouse Steak Mark Twain 69, 72
Porterhouse Steak mit Zwiebeln 68
Porterhouse Steak Simpson's 69
Porterhouse Steak Sylt 68

Radieschensalat 99
rare 17, 23
rare medium 23
raw 17, 23
Reifmachen von Steaks 19
Rettichsalat 100
Rote-Bete-Apfel-Salat 100
Ricketts Rumpsteak 59
Rindfleisch, dreimal gebratenes 82
Ringelzwiebeln 97
Rippensteak 30
Roastbeef 30
Roquefortbutter 87
Rostbraten Esterházy 61
Rotwein zum Steak 103
Round Steak 31
Rumpsteak 31, 60
Rumpsteak à la Holstein 58
Rumpsteak Calabresa 62
Rumpsteak Florentiner Art 57
Rumpsteak mariniert 60
Rumpsteak Mirabeau 57
Rumpsteak mit grünem Pfeffer 58
Rumpsteak mit üppiger Garnitur 56
Rumpsteak Puerto Rico 59
Rumpsteak, Ricketts 59
Rumpsteaks, gefüllte 60

saignant 23
Sardellenbutter 87
Sauce Béarnaise 91
Saucenbar des Steakchefs, die 26
Schafskäse, gegrillter 101
Schalottenbutter 87
Scharfes Sirloin Steak 73
Senfbutter 87
Shabu Shabu 84
Sirloin Steak 31
Sirloin Steak, scharfes 73
Spannakopita 102
Steak-Binden 40
Steak-Brandeisen 26
Steak Diana 58
Steak im Salzmantel 76
Steakmesser und -gabeln 26
Steak mit Schuß, Super- 74
Steak-Regeln, 10 strenge 14
Steak-Sandwich 45
Steak Tatar 81
Steakteller 26
Steaktypen 30
Steak, Überraschungs- 79
Steak-Weichmacher-Marinade 88
Strohkartoffeln 93
Sukiyaki Nummer I 84
Sukiyaki Nummer II 85
Supersteak mit Schuß 74

Tatar 81
T-Bone Steak 31
Tournedos 51
Tournedos auf vielerlei Art 50, 51, 52
Tournedos au gros sel 52
Tournedos Pierre Alexandre 52
Tranchierbrett 26
Tranchieren von Steaks 23
Tranchiermesser 25
Trüffelsteak 41

Überraschungssteak 79
Ur-Steak 35

very rare 17

Walter Jettons Barbecue Mop 87
Warschauer Bratkartoffeln 96
Wasserprobe 35
Weichmacher-Marinade, Steak- 88
Weißwein, zum Steak 104
well done 17, 23
Würzen 27

Yorkshire Pudding 1977 102

Zwiebelkompott mit Kastanien 97
Zwiebeln in Alufolie 97
Zwiebeln, marinierte 97
Zwiebeln, Ringel- 97
Zwiebel-Orangen-Salat 100
Zwiebelringe, Knusper- 96